洪荣昌 洪家豪 著

中华苏维埃共和国五分铜币研究

文物、史料及文献整理研究集成 第一辑

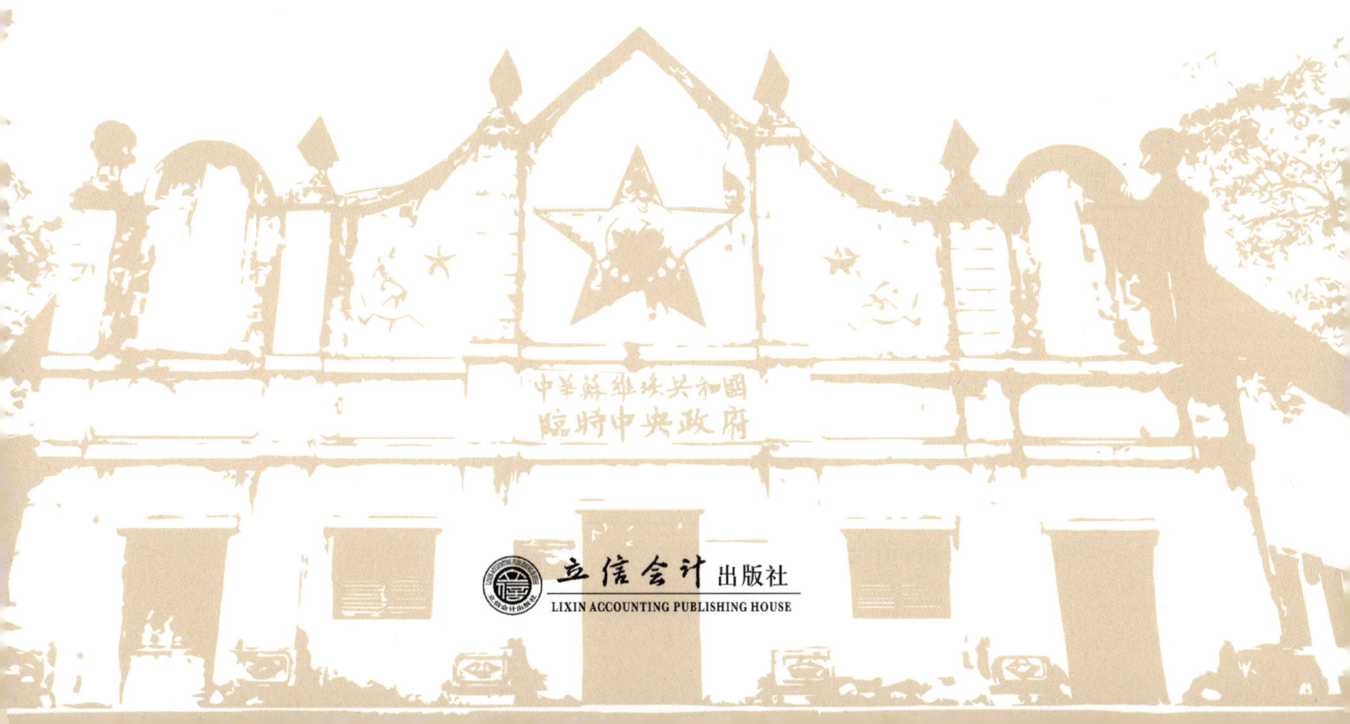

立信会计出版社
LIXIN ACCOUNTING PUBLISHING HOUSE

图书在版编目(CIP)数据

中华苏维埃共和国五分铜币研究 / 洪荣昌,洪家豪著. —上海：立信会计出版社，2023.12
ISBN 978-7-5429-7535-5

Ⅰ.①中… Ⅱ.①洪… ②洪… Ⅲ.①铜币(考古)—研究—中国 Ⅳ.①K875.64

中国国家版本馆 CIP 数据核字(2024)第 013042 号

策划编辑　孙　勇
责任编辑　张巧玲
助理编辑　汪玉玲
美术编辑　北京任燕飞工作室

中华苏维埃共和国五分铜币研究
ZHONGHUA SUWEIAI GONGHEGUO WUFEN TONGBI YANJIU

出版发行	立信会计出版社
地　　址	上海市中山西路 2230 号　邮政编码　200235
电　　话	(021)64411389　传　真　(021)64411325
网　　址	www.lixinaph.com　电子邮箱　lixinaph2019@126.com
网上书店	http://lixin.jd.com　http://lxkjcbs.tmall.com
经　　销	各地新华书店
印　　刷	常熟市人民印刷有限公司
开　　本	787 毫米×1092 毫米　1/16
印　　张	22.5　插　页　4
字　　数	452 千字
版　　次	2023 年 12 月第 1 版
印　　次	2023 年 12 月第 1 次
书　　号	ISBN 978-7-5429-7535-5/K
定　　价	158.00 元

如有印订差错，请与本社联系调换

序　一

　　21世纪以来，钱币收藏研究不断向版式分类方向发展。不少钱币研究专家和钱币收藏爱好者，经过长期的收集、整理、分析、研究，写出了版式分类研究方面的专著，为繁荣钱币文化做了大量富有意义的工作。

　　洪荣昌先生曾任中国钱币学会学术委员会委员、《中国钱币》杂志特聘审稿专家，20余年来孜孜不倦，投入大量的精力、物力，广泛收罗，认真分析，科学分类，理性归纳，高度总结，编写了《中华苏维埃共和国五分铜币研究》一书，对展示中华苏维埃共和国五分铜币的庞大版式体系，弘扬革命先辈艰苦创业的伟大精神，发掘红色货币的历史背景与思想内涵，赓续红色血脉，传承红色基因，具有重要现实意义和深远的历史意义。

　　为撰写此书，洪荣昌先生做了非常扎实的基础工作。从各种渠道收集到6 000多枚五分铜币图片资料。之后，逐个建立文档，打印初稿，对每枚币的圆珠个数、马齿个数、谷粒个数、麦粒个数进行清点，总计达400多万个数据。从某种意义上说，《中华苏维埃共和国五分铜币研究》是一部数出来的巨著。如此巨大的工作量，非一般人所能坚持，需要极大的耐心和毅力。更难能可贵的是，他在五分铜币版式研究中有不少创新与发现，且具有代表性和前瞻性，为这个领域的钱币研究作出了重大贡献。

　　此书有如下"六个第一"：

　　第一次考证了五分铜币的发行时间，纠正了过去教科书的错误提法。 长期以来，中外钱币界皆认为五分铜币是1932年与纸币、银币一起发行的，几乎所有钱币评级公司都标注生产时间为1932年，只有公博公司在2018年8月之后，根据洪荣昌的研究成果改正为1934年。经考证，洪先生把五分铜币准确的发行时间确定为从1934年2月5日起至同年10月初中央主力红军开始长征止，约8个月时间。

　　第一次提出了类似植物学分类的版式分类新方法，使五分铜币查找版式对照工作变得简单明了。 版式图谱改变了过去使用图案特征命名的做法，创立按照珠→岛→穗→结的层次分类方法，使每一种五分铜币版式能够很快确认其图谱中的编号。即首先数清圆珠的个数，分清是什么岛，在书中找到正面版式的位置，然后看看背面稻穗与麦穗的情况，再对比花结，对照图谱就能确认币的编号。这种方法简便实用，开创了五分铜币版式分类研究的先河。

第一次理清了五分铜币制作的混配现象，绘制了纷繁复杂的混配链示意图。在五分铜币印花过程中，怎样使用钢模，过去没有人研究。洪先生根据编制原钢模版式图谱，揭示了两种使用方法：一是哪个钢模坏了就换哪个；二是在钢模发热严重时及时更换，让其冷却之后继续使用。由于这两种方法交替使用，便产生了非常有趣的"多币正、背面混配链"，少则5个币连环混配在一起，多则130个币混配在一起，形成纷繁复杂的混配链情形。

第一次发现了为印制五分铜币而雕刻的钢模数量，揭开了钢模数量的历史之谜。早在1990年8月，曾担任中华苏维埃共和国中央造币厂厂长的谢里仁，在回答采访者问题时表示：由于钢的质量及淬火等技术均达不到要求，一个钢模，质量好的能用两天，质量差的只能用一天。为印制五分铜币究竟雕刻了多少钢模？过去既无文献记载，也无人研究过，谢里仁也只是大概一说，并无准确数据。洪先生在认真调查研究的基础上，给出了一个明确的答案：为印制五分铜币，当年雕刻师共雕刻正面钢模47个，背面钢模110个，合计157个钢模（不排除今后可能还有极少量发现）。

第一次数清了五分铜币边齿的个数，为鉴定五分铜币提供了依据。由于五分铜币边齿是围绕外沿的一种装饰线条，币边为圆形，边齿又很小，需要用放大镜才能看清楚。又由于币是圆形，数了一段就必须转动一个角度，角度一转动又无法确认数到什么位置，很难准确数清楚其究竟有多少个边齿。在此之前，也没有任何文献记载五分铜币的边齿情况。但五分铜币的鉴定，除了认真观察其形态特征及其包浆，在很大程度上依赖观察齿边的情况。所以，弄清楚边齿个数及其特征非常重要。洪先生使用纸夹等分的方法，解决了这个问题，准确数清楚所有版式币的边齿均为128个，为五分铜币的科学鉴定奠定了基础。

第一次使用大图编制钱谱，探索了钱谱编制新方法。过去钱币图谱一般与原币大小一致，甚至比原币更小一些。此书铜币图片放大至直径74毫米，图谱面积超过原币的8倍，为直接观察不同版式币的详细特征提供了方便。

因此，洪荣昌先生的《中华苏维埃共和国五分铜币研究》不失为研究红色货币、宣传红色钱币文化的好书，值得大家阅读与参考。

特此推荐。

周卫荣

中国钱币博物馆馆长

中国钱币学会学术委员会主任委员

序 二

2002年开始，我利用业余时间收藏、研究中华苏维埃共和国国家银行发行的流通货币。我的目标很明确，弄清楚这套货币的版式区别、存世情况，编写图谱，为热爱红色货币收藏同仁提供便于参照的工具书。

我庆幸自己出生、成长、工作在原中央苏区，有一个得天独厚的地理环境。每逢节假日，我便在赣南闽西的古董市场、大街小巷转悠。那时候五分铜币太便宜了，一个只要20多块钱，所以见到就买下。也经常去拜访过去致力于国家银行流通货币收藏与买卖的收藏家和文物商人，从他们手上购买藏品。从春天到夏天，从秋天到冬天；从闽西到赣南，从上海到北京；从城市到边远山区，从交易市场到大街小巷。凡见到的、听到的、想到的可能有苏区币的地方都"一一拜访"。真是"天道酬勤"，多年来我见识变广，藏品颇丰，为研究各种货币版式打下了坚实的基础。

很多人不了解版式研究有多痛苦！

2009年开始，我便对中华苏维埃共和国五分铜币进行版式分类研究。第一步，将2 000余枚币拍成图片，包括正面和背面，这就有4 000多张图片。拍铜币的图片时，要先将铜币放在桌子上，架起照相机，对好光源，调试相机到最清楚焦距再进行拍摄。在这个过程中，人一直是站着，保持背形弯曲、目光向下的姿势。每拍完一枚币，称重量，量直径和厚度，然后用钱币纸夹封装、编号。拍摄一段时间，将相机中的照片存到电脑上，将图片进行编号，特别注意图片编号与纸夹封装的铜币编号一一对应。我计算过，一天从早到晚只能完成120枚左右铜币的拍摄、封装、编号工作量，2 000余枚铜币就要花掉半个多月时间。

第二步是将每枚币的图片做成电子文档。先把币的正面、背面图裁切，复制粘贴到文档中，文档编号与图片编号也一一对应。然后数清楚正面一圈圆珠的个数，这个步骤至少进行两次，若两次都一致则确定圆珠个数，若两次数的个数不一致，还要再数一次或者两次，以确保圆珠个数的准确性。这一步非常关键，以圆珠数量进行分类是最科学的一种分类方法。不少人曾经提出数圆珠个数太麻烦，设想过不少方法，但最终都回避不了数圆珠个数问题。数完圆珠接着数正面、背面的马齿。结束之后，认真观看岛的形状，数清楚背面左边谷穗中谷粒的个数和排列情况，再数清楚背面右边麦穗中麦粒个数和排列情况。最后，将圆珠个数、岛别（分远岛、中岛、近岛、连岛、套岛、无岛 6 种情形）、马齿个数、重量、直径、厚度、谷粒数量与排列、麦粒数量与排列及其他特殊情况，悉数写入文档中。这样，一枚币的标准文档就算做好了。2 000 多个文档究竟做了多少时间，我没有做过确切的统计，因为我那时候还没有退休，停停打打，有时中午，有时晚上，做三五个有之，做十个八个有之，一直干到凌晨 2 点的也有之。五分铜币正面最少的有 62 个圆珠，最多的有 80 个圆珠，一枚币按平均大约 75 个圆珠、数 3 次计算，2 000 枚币就要数 450 000 个圆珠（75×3×2 000）。正面马齿最少的有 96 个，最多的有 129 个；背面马齿最少的有 97 个，最多的有 121 个。中华苏维埃共和国五分铜币的马齿与圆珠情况不太相同，由于历史原因，不是所有币都能数清楚马齿，能数清的大约只有一半。与数圆珠数目情况一样，数马齿也是费时费劲的，每一枚币也至少要数两次才能确定，有的甚至要数 3 次、4 次。能数清马齿铜币数量按一半计算，马齿个数按平均数计算（每一枚币正面平均 111 个马齿，背面平均 109 个马齿），每个币数 3 次，就要数 660 000 个马齿［2 000×0.5×（111＋109）×3］。66 万个马齿＋45 万个圆珠＝111 万个数据（马齿与圆珠总数）。

　　试想一下，目不转睛地在电脑上数 111 万个马齿和圆珠是个什么滋味？

　　仅此两项工作，起码花去七八个月时间，那可真是腰酸背痛、眼花缭乱，连脖子都僵硬得无法伸直了。因此，这两项工作还没有结束，我就得了剧痛难忍的肩周炎，右手无法抬起，严重时连穿衣服都要老婆帮忙。虽然做过理疗，打过封闭，吃过药物，住过医院，但都无济于事，一疼就是两年！这种痛苦的折腾让人难以言表。

　　文档做好之后，便进行打印，打印之后进行分类。分类工作是分步进行的。首先，按圆珠的个数（即 62 珠、67 珠、69 珠、71 珠、72 珠、73 珠、74 珠、75 珠、76 珠、77 珠、78 珠、79 珠、80 珠）分 13 种情况进行分类。其次，对相同圆珠数的币按岛别（即远岛、中岛、近岛、连岛、套岛、无岛 6 种情形）再进行一次分类。最后，在前面两步基础上，再一次根据背面谷粒数和麦粒数进行分类。经过这三步分类，版式区分就变成简单的事情了。因为三步分类之后，同一类型的币为数不多，币中图形的差异很容易分辨，确定版式就简单明了。

　　版式确定之后，将各种不同图形的特征写入文档中。在 2011 年 9 月解放军出版社出版的《红色货币——中华苏维埃共和国国家银行发行货币版别研究》一书中，五分铜币的版式区分就是这样形成的。书中所列五分铜币有 293 种版式，其中包括阴阳、背逆、叠打、移位、弱打、破版等各种趣味币。

　　《红色货币——中华苏维埃共和国国家银行发行货币版别研究》出版之后，受到钱币学界和红色货币收藏爱好者的一致好评，成为钱币收藏研究的工具书。此书是以铜币现存的图形确认版式的，从理论上说，一种图形一个版式也没错。但后来我才发现，不少版式币实际上是同一种钢模印制出来的，由于某种意外原因增加了图案。如破版币，钢模还没有破的时候，印制出来的币是原版币；钢模刚刚开始破的时候，印制出来的币可能只增加了一个或者几个小点；钢模进一步破裂，印制出来的币可能就是一条线。以此类推，钢模越破，印制出来币的图案就越多。这种从同一个钢模衍生出来的不同图形币叫"衍生币"，衍生币的种类层出不穷，每一种不同的图案算不算一个版式，非常值得探讨与研究。

从 2012 年开始，我把五分铜币版式研究回归到原钢模问题上，把各种各样的衍生币进行去伪存真的辨识，以"一个钢模一种版式"为原则，去除同一钢模因某种原因产生的各种衍生版式，重新编制"原钢模版式币"图谱。

为了证明各种原钢模版式币的客观性与科学性以及各种版式币的存世量，从 2012 年开始，我大约每 3 天就要上网一次，下载各个网站发布的交易图片，一直坚持了 10 多年时间，下载五分铜币图片 12 000（每个币两幅图）多幅。整理来源于网站下载的图片花费了我很多时间。原因是网站交易的图片重复现象非常多，同一个币可能在不同时间、不同网站交易。也有的币开始交易时是裸币，过一段时间收藏者拿去鉴定评级公司装盒子了再次上网交易，因此，剔除重复币的工作量非常大。10 多年来我在网上下载的 6 000 多枚币图，剔除重复的之后，只剩下 4 000 余枚币。这 6 000 多枚币的图片，同样是按照上述分类方法——数珠、数齿、数谷（麦）粒进行版式确认。所以，本书仅仅数马齿和圆珠的总数就超过 400 多万个数据。最后，我将这 6 000 多枚币（包括原来的 2 000 枚）的图片按照原钢模版式币进行分类，然后编制图谱，进行各种版式存世量的统计。结果令人惊诧，不少版式币分别只有 1 枚，属于孤品，而最多的同一种版式币竟然有近 500 枚。统计结果为确认各种版式币的珍稀程度提供了依据。

《中华苏维埃共和国五分铜币研究》花费了我 20 多年的心血，其间虽有说不清楚的酸楚与痛苦，但世界是公平的，艰苦的付出之后，也迎来丰厚的回报。2020 年 11 月 7 日，《人民日报》第 6 版以三分之二的版面刊登《洪荣昌：红色收藏的行家》一文，讲述了我个人的收藏事迹。我感到无比地荣幸与高兴！

洪荣昌

中国收藏家协会红色文化分会副会长、秘书长

《中国红色收藏》杂志主编

目 录

001	五分铜币发行时间考证
006	五分铜币的版式分类
011	五分铜币印花钢模研究
066	五分铜币连环混配现象研究
074	五分铜币印花钢模使用方法新发现
078	五分铜币边齿问题
081	五分铜币岛的区分
084	五分铜币上的小圆点
096	五分铜币上的错别字
101	五分铜币的"分"字
106	五分铜币的"弎"字
113	五分铜币的"维"字
123	五分铜币的不同颜色
125	21谷粒版
129	日月版
131	圆花结版
135	鹰钩版
138	半岛版
143	圆花结与无岛版珍贵程度之比较
146	搭配不同与珍贵差异
151	一枚币引发一个话题
154	辨认一枚珍品币的简单方法
159	尽染大地红军红
163	趣味币概述
169	假币辨析

中华苏维埃共和国五分铜币版式图谱

页码	内容
177	图谱编制说明
178	图谱 01 币、62 圆珠，连岛（62 珠版）
179	图谱 02 币、67 圆珠，连岛（小 777 谷粒版）
180	图谱 03 币、67 圆珠，连岛
181	图谱 04 币、67 圆珠，连岛
182	图谱 05 币、67 圆珠，连岛
183	图谱 06 币、67 圆珠，连岛
184	图谱 07 币、67 圆珠，连岛（连岛弯撇版）
185	图谱 08 币、67 圆珠，连岛
186	图谱 09 币、67 圆珠，连岛
187	图谱 10 币、67 圆珠，连岛
188	图谱 11 币、67 圆珠，连岛（8 谷粒版）
189	图谱 12 币、67 圆珠，套岛
190	图谱 13 币、69 圆珠，小套岛
191	图谱 14 币、71 圆珠，小套岛（歪锤齿轮版）
192	图谱 15 币、71 圆珠，小套岛（套岛右连带版）
193	图谱 16 币、71 圆珠，小套岛
194	图谱 17 币、71 圆珠，小套岛（套岛下撇刀版）
195	图谱 18 币、71 圆珠，小套岛
196	图谱 19 币、71 圆珠，套岛
197	图谱 20 币、72 圆珠，中岛（中岛歪芯版）
198	图谱 21 币、72 圆珠，中岛（中岛内线版）
199	图谱 22 币、72 圆珠，近岛（断谷版）
200	图谱 23 币、72 圆珠，近岛
201	图谱 24 币、72 圆珠，近岛
202	图谱 25 币、72 圆珠，近岛（歪星内线版）
203	图谱 26 币、72 圆珠，连岛
204	图谱 27 币、72 圆珠，连岛（竖国小谷版）
205	图谱 28 币、72 圆珠，小套岛（套岛 6 谷版）
206	图谱 29 币、72 圆珠，小套岛
207	图谱 30 币、72 圆珠，小套岛（套岛出头版）
208	图谱 31 币、72 圆珠，小套岛
209	图谱 32 币、72 圆珠，大套岛（5 杆版）

210	图谱 33	币、72 圆珠，大套岛
211	图谱 34	币、72 圆珠，大套岛
212	图谱 35	币、72 圆珠，大套岛
213	图谱 36	币、72 圆珠，大套岛
214	图谱 37	币、72 圆珠，大套岛
215	图谱 38	币、72 圆珠，大套岛（套岛长叶版）
216	图谱 39	币、72 圆珠，大套岛
217	图谱 40	币、72 圆珠，大套岛（套岛翘撇版）
218	图谱 41	币、72 圆珠，无岛
219	图谱 42	币、72 圆珠，无岛
220	图谱 43	币、73 圆珠，近岛
221	图谱 44	币、73 圆珠，近岛
222	图谱 45	币、73 圆珠，近岛
223	图谱 46	币、73 圆珠，连岛
224	图谱 47	币、73 圆珠，套岛
225	图谱 48	币、73 圆珠，套岛
226	图谱 49	币、73 圆珠，套岛（套岛上撇刀版）
227	图谱 50	币、73 圆珠，套岛（平刀三长芒版）
228	图谱 51	币、74 圆珠，近岛（小 777 谷粒版）
229	图谱 52	币、74 圆珠，近岛（长芒版）
230	图谱 53	币、74 圆珠，近岛（近岛弯撇版）
231	图谱 54	币、74 圆珠，近岛
232	图谱 55	币、74 圆珠，近岛
233	图谱 56	币、74 圆珠，近岛
234	图谱 57	币、74 圆珠，近岛
235	图谱 58	币、74 圆珠，近岛（高"币"狭刀版）
236	图谱 59	币、74 圆珠，近岛
237	图谱 60	币、74 圆珠，连岛
238	图谱 61	币、74 圆珠，连岛
239	图谱 62	币、74 圆珠，连岛
240	图谱 63	币、74 圆珠，连岛
241	图谱 64	币、74 圆珠，连岛（连谷版）
242	图谱 65	币、74 圆珠，连岛
243	图谱 66	币、74 圆珠，连岛

244	图谱 67 币、74 圆珠，连岛
245	图谱 68 币、75 圆珠，远岛（离芯带版）
246	图谱 69 币、75 圆珠，远岛
247	图谱 70 币、75 圆珠，远岛
248	图谱 71 币、75 圆珠，远岛
249	图谱 72 币、75 圆珠，远岛
250	图谱 73 币、75 圆珠，连岛
251	图谱 74 币、75 圆珠，连岛
252	图谱 75 币、75 圆珠，小套岛（鹰钩版）
253	图谱 76 币、75 圆珠，套岛
254	图谱 77 币、75 圆珠，套岛（75 珠套岛细线版）
255	图谱 78 币、75 圆珠，套岛（75 珠高"国"高"分"版）
256	图谱 79 币、75 圆珠，套岛（75 珠平"国"高"分"版）
257	图谱 80 币、76 圆珠，远岛
258	图谱 81 币、76 圆珠，远岛
259	图谱 82 币、76 圆珠，中岛（日月版）
260	图谱 83 币、76 圆珠，中岛（长竖圆花结版）
261	图谱 84 币、76 圆珠，中岛（短竖圆花结版）
262	图谱 85 币、76 圆珠，中岛（楷体圆花结版）
263	图谱 86 币、76 圆珠，中岛（三杆圆花结版）
264	图谱 87 币、76 圆珠，中岛
265	图谱 88 币、76 圆珠，中岛
266	图谱 89 币、76 圆珠，中岛（4 谷粒版）
267	图谱 90 币、76 圆珠，近岛（大 777 谷粒版）
268	图谱 91 币、76 圆珠，近岛（小 876 谷粒版）
269	图谱 92 币、76 圆珠，近岛（近岛小花结版）
270	图谱 93 币、76 圆珠，近岛
271	图谱 94 币、76 圆珠，近岛
272	图谱 95 币、76 圆珠，近岛
273	图谱 96 币、76 圆珠，近岛
274	图谱 97 币、76 圆珠，近岛（22 麦粒版）
275	图谱 98 币、76 圆珠，近岛（半岛版）
276	图谱 99 币、76 圆珠，连岛
277	图谱 100 币、76 圆珠，连岛
278	图谱 101 币、76 圆珠，套岛

279	图谱 102 币、76 圆珠，套岛
280	图谱 103 币、76 圆珠，套岛（叉图小谷版）
281	图谱 104 币、77 圆珠，连岛
282	图谱 105 币、77 圆珠，连岛
283	图谱 106 币、77 圆珠，连岛
284	图谱 107 币、77 圆珠，连岛
285	图谱 108 币、77 圆珠，连岛
286	图谱 109 币、77 圆珠，连岛
287	图谱 110 币、77 圆珠，连岛
288	图谱 111 币、77 圆珠，连岛
289	图谱 112 币、77 圆珠，小套岛
290	图谱 113 币、77 圆珠，小套岛
291	图谱 114 币、77 圆珠，小套岛（宽结带版）
292	图谱 115 币、77 圆珠，小套岛
293	图谱 116 币、77 圆珠，小套岛
294	图谱 117 币、77 圆珠，小套岛
295	图谱 118 币、77 圆珠，小套岛（月芽版）
296	图谱 119 币、77 圆珠，小套岛
297	图谱 120 币、77 圆珠，小套岛
298	图谱 121 币、77 圆珠，小套岛（77 珠双连带版）
299	图谱 122 币、77 圆珠，小套岛（77 珠大头结版）
300	图谱 123 币、77 圆珠，小套岛
301	图谱 124 币、77 圆珠，小套岛（歪谷粒版）
302	图谱 125 币、77 圆珠，小套岛（圆图谷芽版）
303	图谱 126 币、77 圆珠，套岛
304	图谱 127 币、78 圆珠，连岛，上连珠
305	图谱 128 币、78 圆珠，连岛，上连珠
306	图谱 129 币、78 圆珠，连岛，上连珠
307	图谱 130 币、78 圆珠，连岛，上连珠（上连珠长捺短撇"分"版）
308	图谱 131 币、78 圆珠，连岛，下连珠（下连珠 6 谷版）
309	图谱 132 币、78 圆珠，连岛，下连珠
310	图谱 133 币、78 圆珠，连岛，下连珠
311	图谱 134 币、78 圆珠，连岛，下连珠
312	图谱 135 币、78 圆珠，连岛，下连珠
313	图谱 136 币、78 圆珠，连岛

314	图谱 137 币、78 圆珠，小套岛
315	图谱 138 币、78 圆珠，小套岛
316	图谱 139 币、78 圆珠，小套岛
317	图谱 140 币、78 圆珠，小套岛
318	图谱 141 币、78 圆珠，小套岛
319	图谱 142 币、78 圆珠，大套岛
320	图谱 143 币、78 圆珠，大套岛
321	图谱 144 币、78 圆珠，大套岛
322	图谱 145 币、78 圆珠，大套岛
323	图谱 146 币、78 圆珠，大套岛（套岛二芒版）
324	图谱 147 币、78 圆珠，套岛
325	图谱 148 币、79 圆珠，套岛、左连珠（左连珠 6 谷版）
326	图谱 149 币、79 圆珠，套岛、左连珠（左连珠小花结版）
327	图谱 150 币、79 圆珠，套岛、左连珠（左连珠出头版）
328	图谱 151 币、79 圆珠，套岛、左连珠
329	图谱 152 币、79 圆珠，套岛、左连珠（左连珠长结带版）
330	图谱 153 币、79 圆珠，套岛、左连珠（左连珠谷芽版）
331	图谱 154 币、79 圆珠，大套岛
332	图谱 155 币、79 圆珠，大套岛
333	图谱 156 币、79 圆珠，大套岛
334	图谱 157 币、79 圆珠，大套岛
335	图谱 158 币、79 圆珠，大套岛
336	图谱 159 币、79 圆珠，大套岛
337	图谱 160 币、79 圆珠，大套岛
338	图谱 161 币、79 圆珠，大套岛
339	图谱 162 币、79 圆珠，大套岛
340	图谱 163 币、79 圆珠，大套岛
341	图谱 164 币、79 圆珠，大套岛
342	图谱 165 币、79 圆珠，大套岛（小巾三角带版）
343	图谱 166 币、79 圆珠，小套岛
344	图谱 167 币、80 圆珠，套岛
345	**参考文献**
346	**后　记**

五分铜币发行时间考证

中华苏维埃共和国国家银行发行纸币与银币的时间是明确的，原因是币的下方都有标注。但是，对于没有标注的一分和五分铜币发行时间，90多年来，钱币学界却一直没有弄清楚。现在全世界所有钱币评级公司，作为负有法律责任的钱币鉴定机构，无一例外对中华苏维埃共和国五分铜币标注的发行时间都是1932年。

为什么会这样？作为钱币学研究最不应该遗漏的历史，怎么90多年了都没有人提及中华苏维埃共和国五分铜币究竟是什么时候发行的呢？难道真的是像钱币评级公司所说的1932年印制发行的吗？

作为一个业余的钱币收藏爱好者，我从2002年开始，专门对中华苏维埃共和国国家银行发行货币版式展开比较深入的研究。在研究铜币有多少版式工作告一段落之后，我开始研究印制中华苏维埃共和国铜币钢模数量问题。因为在此之前，究竟为印制五分铜币雕刻了多少钢模，无处查找、无人知晓。

李年椿为编著《中央苏区货币文物图鉴》（中国金融出版社，1994年版），在1990年8月，采访了时任中华苏维埃中央造币厂厂长的谢里仁同志。据谢里仁同志回忆：那时候由于钢材质量不好，一个好的钢模能用两天，差的只能用一天。谢里仁同志这个说法如果准确的话，按照逻辑推理，按平均一个钢模使用一天半时间来计算，国家银行从1932年7月到1934年10月的800多天，为制作五分铜币就要雕刻1 000多个（正面、背面合计）钢模。

问题来了。我研究中华苏维埃共和国五分铜币版式20多年，在拙作《红色货币——中华苏维埃共和国国家银行发行货币版别研究》中，已经作了介绍的五分铜币版式有293个，加上后来新发现出谱品13个，共计306个。其中还包括各种趣味币。如破版币、胎裂币、阴阳币、叠打币、移位币、修模币等。这些币的版式，从现象上区分，也没有不对的地方。但不少版式币，是在原来钢模基础上因为某种原因增加了币中的图案而衍生出来的。即同一个钢模，前后印制出来不同图案的币，后面印制的币比原来印制的币局部多了一些图案。我书中所收集的293个版式币，就包括这些情况。近年来，我对已知的306个版式进行了去伪存真地甄别，结果发现五分铜币只有167个原钢模版式币，其他的都是由原模版式币衍生出来的。比如说破版币，由于钢模使用久了开始有裂缝或者局部塌陷，印制出来的币就可能多几个星星点点。这些币看起来与原模版式不同，但认真对照分析就会发现它们实际上是同一原版衍生的币。这种"衍生币"也有人统称为"趣味币"。

图1 "月芽版"初版币

举一个例子，五分铜币中有一种"月芽版"（图1）的币。这种版式币的"五"字上方有个凸起的像月芽状的图案。除了多出个月芽，其实这个币与另外同种没有月芽版式的币（图2），是一模一样的。之所以会在背面"五"字上方凸起一个像月芽状的图案，应该是在印花过程中，这一面的钢模放在下面，一次偶然的机会，钢模被某种金属物砸了个坑。估计这来砸之物是个圆形的东西，才形成这月芽之状。印花工人有可能没有发现，也有可能觉得一个小坑无碍大局而继续使用，因而衍生出这种"月芽版"币。如果再认真观察，"月芽版"币又有两种版式。一种是"月芽版"初版币（图1），另外一种是"月芽版"加"破版"合在一起的，叫"连分月芽版"币（图3）。这种"连分月芽版"实际上是钢模开始破裂，从"分"字的第二笔捺至"五"字的中间一横之间裂出一条横线，印制出来的币就变成有一条连接"五"与"分"的线。这是同一个钢模产生的三种版式币。其中图1和图3就是从原钢模（图2）衍生出来的。

图2 "月芽版"原钢模币

图3 "连分月芽版"币

中华苏维埃共和国五分铜币的制作过程中，工人们一直本着节约原则，因此，在使用钢模时并不是一一对应进行生产的。而是只要发现哪个钢模不能使用了就换哪个，不会正背面两个同时一起换掉。现在确认的这167个原钢模版式币，没有一个是一一对应产生的。在这167个币中，实际上正面钢模只有47种，背面钢模110种。也就是说当时雕刻的钢模只有157种。当研究结果得出这个数字以后，我心里非常纳闷：只有157个钢模，与前面按照逻辑推理的1 000个钢模，相差太远了。

发现钢模数量之少与按逻辑推理钢模数量之多，两者相差太大。我开始怀疑中华苏维埃共和国五分铜币并不是1932年7月就开始印制发行，可能落后于纸币和银币的印制发行时间。带着这个疑问，近年来我到处查找中华苏维埃共和国五分铜币印制发行原始文件。

从事中央苏区货币研究的人都知道，早在1988年，江西省钱币学会和中国人民银行赣州地区分行，就在中国人民银行总行金融研究所、财政部财政科学研究所及中国人民银行江西省分行金融研究所等单位调查研究的基础上，对中央革命根据地货币情况进行了更加深入细致的调查和史料、实物的搜集整理工作。1990年3月，他们开始着手编写《中央革命根据地货币史》。1991年10月第一稿完成，随后组织了专家会审。1992年，中国人民银行总行和中国钱币学会设立《中国革命根据地货币史》丛书编委会，《中央革命根据地货币史》纳入了编写计划。1994年1月第二稿完成，4月，江西省钱币学会对第二稿进行审定，形成了"送审稿"。1997年6月，《中国革命根据地货币史》丛书编委会对该书提出了修改意见，11月定稿。该书在编写过程中，一直是在中国人民银行赣州地区分行党组的领导和重视下进行的，同时得到了相关博物馆、纪念馆、档案馆的大力协作和支持。有关老领导、老红军和根据地金融史、货币史专家也给予了多方面的支持与帮助。1998年6月，《中央革命根据地货币史》终于由中国金融出版社正式出版发行。该书虽然只有短短20万字，但是从酝酿到正式出版，历经整整10年。

这本耗费10年，凝聚众多中央革命根据地货币研究学者心血的著作，对于中央革命根据地货币的生产背景、制作流程、品种特征、发行流通、兑换结算、回笼销毁等诸多方面都介绍得很详细，阐述得很清楚。可以说，要研究中央革命根据地货币，参考这本书是必不可少的。

非常遗憾的是，第四章第二节的"硬币的品种与铸造"虽然对铜币制作的历史介绍比较详细，却没有提到铜币具体是什么时候制作发行的。

关于铜币的发行时间，不仅在这本书里无法找到，李年椿先生编著的《中央苏区货币文物图鉴》（中国金融出版社，1994年版），有一幅采访当时苏维埃中央造币厂厂长谢里仁及其由他签字的铜币拓片，从中同样找不到铜币的发行时间。《中国革命根据地印钞造币简史》（中国金融出版社，1996年版），在阐述中华苏维埃共和国中央造币厂的历史时，只是简单地介绍了银币的制作，没有介绍铜币的制作发行情况。由吴筹中、金诚主编的《中国钱币大辞典——革命根据地编》（中华书局，2001年版），在介绍中华苏维埃共和国五分铜币时，只有一句话："五分铜币与国家银行银元券同时流通"，也没有介绍中华苏维埃共和国一分和五分铜币是什么时间制作发行的。

那么，中华苏维埃共和国铜币究竟是什么时间制作发行的呢？

2012年6月，我买到了一套中央苏区历史资料汇编。这套资料是2011年7月，由中共江西省委党史研究室、中共赣州市委党史工作办公室、中共龙岩市委党史研究室共同主编的《中央革命根据地历史资料文库》。这套资料文库分"党的系统""政权系统"

五分铜币发行时间考证

"军事系统""群团系统"等七个系统，文献资料总字数超过1 000万字，是不可多得的中央革命根据地历史研究丛书。目前已经出版"党的系统""政权系统""军事系统"3个系统的文库资料13册。在"政权系统"文库资料第1 412页，有这样一篇文献资料：

中华苏维埃共和国人民委员会布告

第 一 号

——为统一流通苏维埃辅币

（1934年2月5日）

为统一苏区辅币，便利市场流通起见，特铸苏维埃一分与五分两种合金属辅币，以供给市场上交易之用。这两种辅币，现正开始流通，凡我工农及商民群众，应一律十足通用，倘有反革命分子，故意破坏信用者，一经查出，定即予以革命法律的严厉制裁。兹将其使用价格公布如下：

一分的，每大洋一元，兑换辅币百枚；

五分的，每大洋一元，兑换辅币20枚。

主　席　张闻天（洛甫）

秘书长　谢然之

公历1934年2月5日

文献之下的标注，说明了这个文件的来源：根据中共江西省委党史研究室资料处藏件刊印。

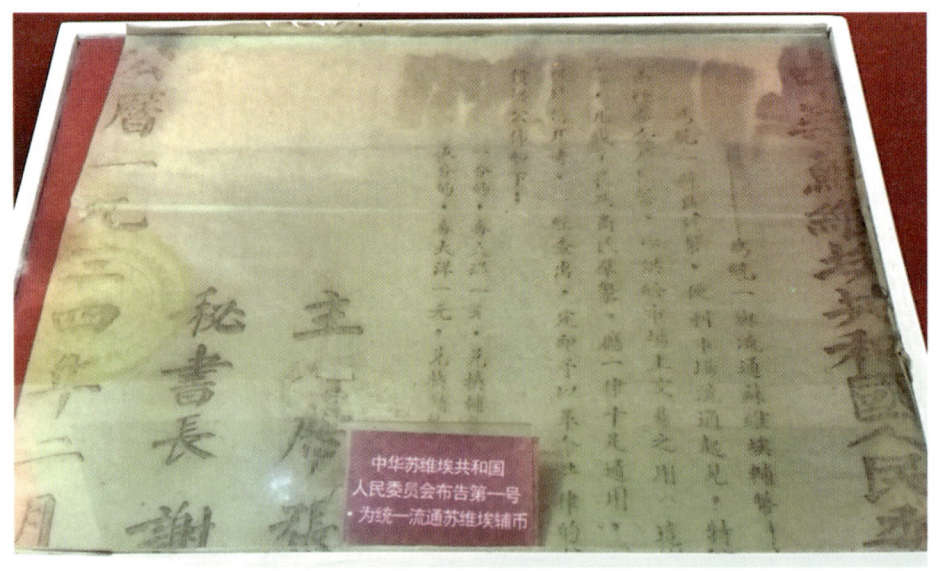

图4　中华苏维埃共和国人民委员会布告第一号

从这个文献资料中我们可以非常清楚地看出，中华苏维埃共和国五分铜币是1934年2月5日开始发行的，并非与1932年7月中华苏维埃共和国国家银行的纸币同时印制发行。从1934年2月发行到1934年10月主力红军长征，中央造币厂随主力红军转移，停止造币，苏维埃国家银行铜币的制作与流通时间实际只有短短的8个月。难怪谢里仁同志说一两天就要更换一个钢模，看来是有道理的。8个月是240天，按平均一天半换一个钢模计算，就要换160个钢模。这与目前发现的正、背面共157种钢模就基本吻合了。

2018年1月6日，我应中央电视台邀请，前往江西瑞金中华苏维埃共和国国家银行纪念馆，拍摄当年红色金融创建的片段，亲眼看到这张1934年2月5日中华苏维埃共和国人民委员会布告第一号（图4）。此布告有半开纸那么大，落款处还钤盖一个直径很大的"中华苏维埃共和国中央执行委员会人民委员会"印章。虽然在此展出的布告有可能是复制件，但也充分证明此文物的存在是毋庸置疑的。

五分铜币的版式分类

中华苏维埃共和国五分币铜币正面（图1）上方书"中華蘇維埃共和國"8个字，下方书"每式拾枚當國幣壹圓"9个字，两边各饰一个五角星，外缘饰马齿一圈，往内是圆珠一圈，圆珠圈内有当时的中国地图，包括大陆和海南岛（极少数没有海南岛）两部分，大陆图内中间有锤子和镰刀组成的中国共产党党徽。背面边缘一圈是马齿（图2），往内由谷穗和麦穗环抱横写"五分"两个大字，上方饰五角星，下方饰花结。币侧面还有直线边齿。

图1　五分铜币正面　　　　　图2　五分铜币背面

中华苏维埃共和国国家银行的铜币是用简陋的工具，靠手工雕模，螺旋杆压模制作出来的。其主要制作过程是：①先将"马金钢"（"马金钢"是江口贸易分局从上海购进的）锯断成钢模需要的长度，然后锻火烧红并让其自然冷却，减弱其硬度，将图样贴在"马金钢"板上，直接敲凿雕刻。雕刻好后，将钢模锻烧淬火，强其硬度。由于钢材质量和淬火技术达不到要求，好的钢模能用两三天，差的只能用一天。钢模制作好后，为防生锈，放入煤油中浸泡，待用。"五分"钢模由谢里仁、邱顺尧、谢必桂等雕刻。②装好上、下钢（钱）模进行印花。将铜胚放入其中，上好螺旋机，两人对面站立，转动螺旋杆摇臂，使钱模下压，压出正、背面图案（图3）。

从上述制作过程不难看出，铜币的钢模（五分）由多人雕刻，由于钢材质量和淬火技术不过关，用于印制铜币的钢模非常多。在制作过程中，又出于节约办事的思维，工人们秉持的是"哪面钢模坏了换哪个"的原则，钢模的正面、背面并不是一一对应的，绝大多数都是混配产生的，这就是五分铜币版式众多的真正原因。

这么多不同版式的币怎样科学分类才能使中华苏维埃共和国每一个五分铜币都能够比较容易在分类的钱谱中找到相应的位置，这是钱币版式分类学所要研究的重要课题。

五分铜币的版式分类研究源于江西省吉安市中级人民法院离休干部龙吉昌同志，他于1994年5月出版了《珍稀奇趣——钱币博览》（江西人民出版社）一书，把苏维埃共和国五分铜币分成无岛、远离岛、近离岛、连岛、图插岛内5种岛别，也就是现在大多数收藏爱好者所说的无岛、远岛、近岛、连岛、套岛5种岛别。同年6月，由当时江西省赣州市人民银行李年椿先生出版的《中央苏区货币文物图鉴》（中国金融出版社）一书中，非常专业地按照圆珠个数来分类，从67个圆珠到80个圆珠（中间68、70两种圆珠没有实物），共12种圆珠系列51个版式。2006年1月，年轻的钱币收藏家段洪刚先生出版了《中国铜元分类研究》（中华书局）一书，他把中华苏维埃共和国五分铜币分类为无岛、远岛、离岛、近岛、连岛、套岛6种系列25种版式。这些都为研究中华苏维埃共和国五分铜币的分类作出了重大贡献。但他们的分类方法都无法全部涵盖中华苏维埃共和国五分铜币庞大的版别体系。

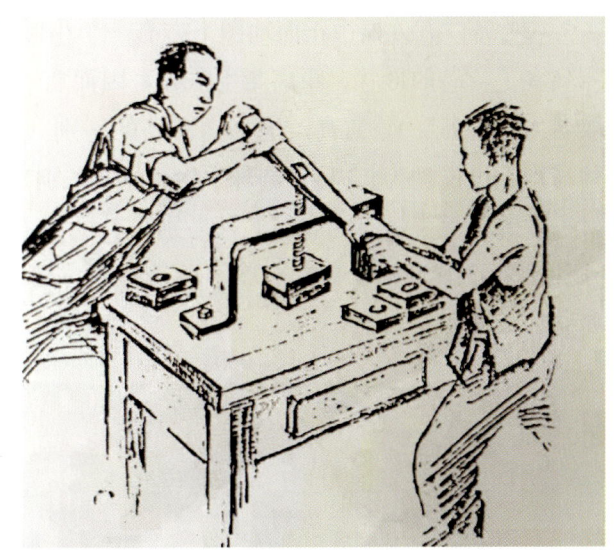

图3　手工雕模操作示意图

五分铜币庞大的版别体系可以被比喻为一棵大树，主干就是李年椿先生提出的圆珠，大分支就是段洪刚先生提出的6岛，小分支是谷穗和麦穗，细支和叶片就是花结、图、字、马齿、边齿等等。按照珠→岛→穗→结→图→字→齿→边的顺序分类，对照分类顺序，可以使每一个五分铜币都找到它相应的位置。

（1）珠，即圆珠（图4）。拿到一个币首先点点它有多少个圆珠，按照圆珠个数进行排列。李年椿先生确实费了一番功夫，他在20多年前就发现五分铜币有67、69、71、72、73、74、75、76、77、78、79、80个圆珠共12种。目前仅新发现一种62个圆珠的，所以，按照圆珠分类，五分铜币共有13种。

图4　圆珠

(2) 岛。五分铜币正面地图下方有一个小圆圈，表示海南岛。雕刻师傅由于将钢模雕刻多了，岛的形状、距离产生差异，因而有了无岛、远岛、中岛（段洪刚先生把这种取名为"离岛"）、近岛、连岛、套岛的区别（图 5）。从理论上讲，每一种圆珠都有六种岛别，可推理为 13 种（圆珠）×6 种（岛别）= 78 个大分支。但实际并没有那么多，就一种圆珠而言，有的有四五种岛别，有的只有一二种岛别。像 62 个圆珠的只有连岛一种，80 个圆珠的也只有套岛一种，而 76 个圆珠的却有远岛、中岛、近岛、连岛、套岛五种不同的岛别。

图 5　不同的岛别

(3) 穗。穗的装饰在很多机制币中都有应用，有些人把这种穗的装饰也叫作嘉禾（图 6-1）。中华苏维埃共和国五分铜币的装饰穗左右两边的表示是不同的。左边表示谷穗（图 6-2），谷芒比较短；右边表示麦穗（图 6-3），麦芒比较长。左边谷穗的谷粒和右边麦穗的麦粒个数也不完全相同。左边谷穗的谷粒有 21 粒、22 粒、23 粒 3 种，右边麦穗的麦粒有 19 粒、20 粒、21 粒、22 粒 4 种。左右两边交叉，派生出左边 21 谷粒右边 20 麦粒；左边 21 谷粒右边 21 麦粒；左边 22 谷粒右边 19 麦粒；左边 22 谷粒右边

图 6-1　穗　　　　　　　　　图 6-2　不同的谷穗

| 19麦粒 | 20麦粒 | 21麦粒 | 22麦粒 |

图6-3　不同的麦穗

20麦粒；左边22谷粒右边21麦粒；左边22谷粒右边22麦粒；左边23谷粒右边20麦粒；左边23谷粒右边21麦粒8种排列（按理论推算12种，目前实际上只发现这8种）。

（4）结，即花结。五分铜币的花结大致可分为方形花结、圆花结和介于两者之间的大头花结3种（图7-1至图7-3）。花结可分为上下左右4个结带，中间为结芯。这四个结带有大小长短之别，还有凹形、三角形、广角形等不同形状。

图7-1　方形花结　　　**图7-2　圆花结**　　　**图7-3　大头花结**

（5）图。有大陆和海南岛两部分图形；有正面和背面的五角星；还有铁锤和镰刀。其形状、大小各不相同。

（6）字。五分铜币正面有繁体"中華蘇維埃共和國"国名和"每式拾枚當國幣壹圓"兑换说明17个字，背面有币值"五分"两字。这些字也有大小之分，歪斜之别，比较明显的是"式"字、"国"字、"五"字、"分"字等。区别最大的是"式"字右上方的点，其指向的方向多种多样。

（7）齿，即马齿。从目前了解情况看，五分铜币的马齿正面最少的有96个，最多的有126个；背面马齿最少的有97个，最多的有121个。但能数点清楚的大约只有一半。

（8）边，即侧面的直线边齿。目前已知币的边齿都是128个，可能是当时用于印花边齿钢模设计制作比较坚固耐用的原因。但从总体看，边齿比马齿的留存情况更差，能数点清楚的没有几个。因此，在版别分类中基本上可以放弃，没有什么研究价值。

给中华苏维埃共和国五分铜币分类，主要是按照前三项，即珠、岛、穗排列，其他后面六项都属于小支叶。只要按照前三项完成分类，其余版别就好分了。因为按照理论推算，13 种圆珠×6 种岛别×12 种穗排列＝936 个系列。从收藏实践看并没有那么多，目前只发现 56 个系列。从这 56 个系列再看花结、图案、字体、马齿、边齿，其他问题就较好确认了。

综上，铜币印花示意图及五分铜币版式分类示意图如图 8 和图 9 所示。

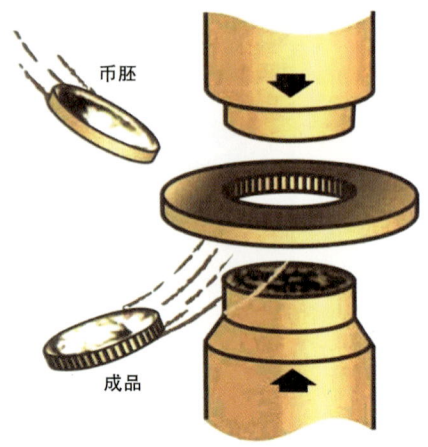

图 8　铜币印花示意图

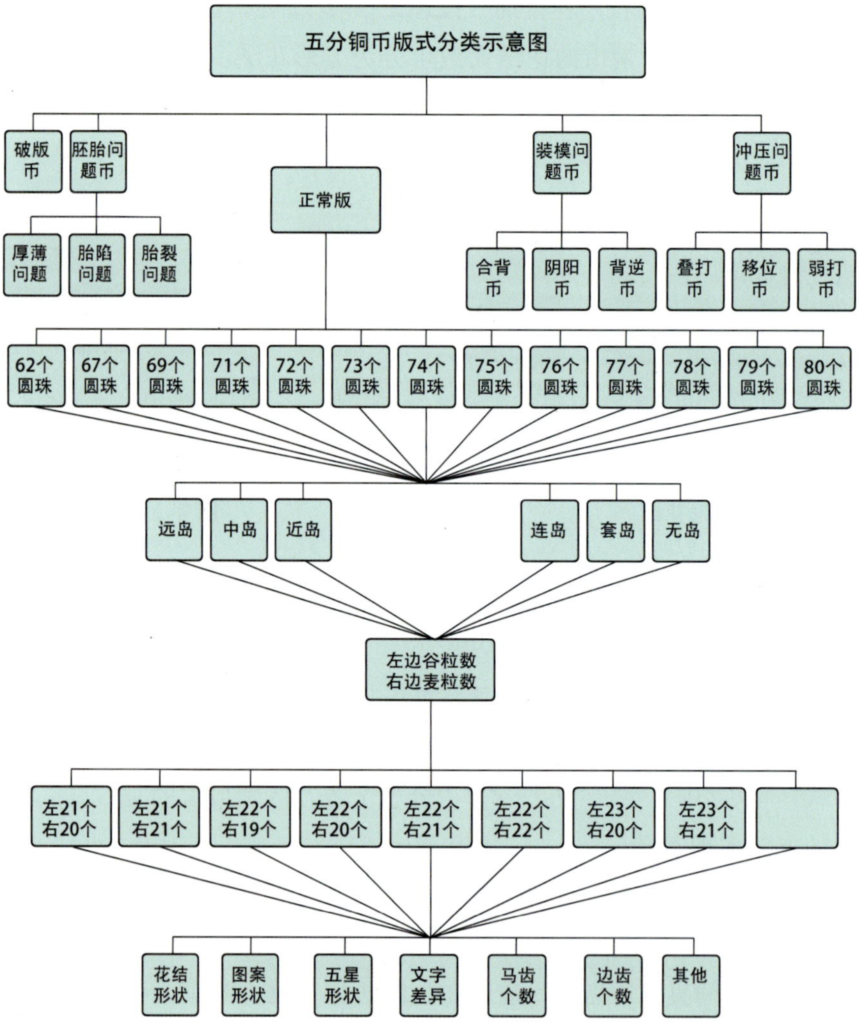

图 9　五分铜币版式分类示意图

五分铜币印花钢模研究

1990年8月，李年椿先生为撰写《中央苏区货币文物图鉴》，特地拜访了曾经担任过苏维埃中央造币厂厂长的谢里仁老前辈，谢里仁认真描述了当时制作五分铜币的过程。

一是雕模。先将"马金钢"锻火烧红并让其自然冷却，减弱其硬度，再将上级绘制审定的图样，贴在"马金钢"板上（"马金钢"是江口贸易分局从上海购进的），直接敲凿雕刻。然后，将雕刻好的钢模，用车床将周边车圆，再煅烧淬火，强其硬度。五分钢模由谢里仁、邱顺尧、谢必桂雕刻。

二是印花。装好上、下钱模，将铜板圆饼粗坯放入其中。机器上方中柱为螺旋式，两人对面而坐，各手持一头横放螺旋杆，钱币中的文字和图案靠螺旋杆往下旋转的压力印制。

究竟为五分铜币印花雕刻了多少钢模？谢里仁在这里只是说了个大概情况："一个钢模，好的能用两天，差的只能用一天"，并没有确切的数字。其实，这恐怕就连当事人也没有统计过。这就像"哥德巴赫猜想"一样，要证明它得花很大的力气。

经过近20年的调查、统计、分析、研究，现在终于有了结果（不排除以后还有少量发现）：用于中华苏维埃共和国五分铜币印花的钢模总共是157种（实际上这里所列举的是不同钢模印制出来的币，下同），其中正面47种，背面110种。

我们对已知钢模按照"圆珠由少到多""岛图由远到近""谷、麦穗粒由少到多"原则进行分类编号。正面钢模版式的编号原则是根据珠圈中小圆珠的个数从62、67、69、71、72、73、74、75、76、77、78、79、80圆珠，分为13个系列；在每个系列内再按照远岛、中岛、近岛、连岛、套岛、无岛顺序进行分类。在两次分类情况下，再区分不同版式，然后按顺序进行编号。

背面钢模版式的编号原则是按照左边谷穗的谷粒数（21、22、23粒），由少到多分类；右边按照麦穗的麦粒数（19、20、21、22粒）由少到多分类。在两次分类情况下，再区分不同版式，然后按顺序进行编号。

现将分类排列之后的编号情况介绍如下。

一、正面47种钢模版式的编号

第1号

62圆珠，连岛，"苏"字捺连"华"字上横，105马齿。也叫"62珠版"。此种正面只有1种背面（图谱01币）。

第2号

67圆珠，连岛，"式"字点开叉并对左星，96马齿。此种正面有10种背面（图谱02、03、04、05、06、07、08、09、10、11币）。

第3号

67圆珠，套岛，长锤，连口"当"字，"式"字点对"共"字，111马齿。此种正面只有1种背面（图谱12币）。

第 4 号

69 圆珠，小套岛，"弍"字点对左五角星，107 马齿。此种正面只有 1 种背面（图谱 13 币）。

第 5 号

71 圆珠，小套岛，"弍"字点对"埃"字，歪锤，108 马齿。此种正面有 5 种背面（图谱 14、15、16、17、18 币）。

第 6 号

71 圆珠，套岛，"弍"字点对"壹"字，地图内左边有小线条，129 马齿。此种正面只有 1 种背面（图谱 19 币）。

第 7 号

 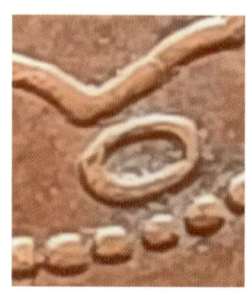

72 圆珠，右中岛，仰锤，122 马齿。此种正面有 2 种背面（图谱 20、21 币）。

第 8 号

72 圆珠，右歪近岛，左、右两边都歪星，122 马齿。此种正面有 4 种背面（图谱 22、23、24、25 币）。

第 9 号

72 圆珠，连岛，竖"国"字，两边右歪星，长锤，109 马齿。此种正面有 2 种背面（图谱 26、27 币）。

第 10 号

72圆珠，小套岛，"式"字点对"维"字，106马齿。此种正面有4种背面（图谱28、29、30、31币）。

第 11 号

72圆珠，大套岛，"式"字点对"中"字，108马齿。此种正面有9种背面（图谱32、33、34、35、36、37、38、39、40币）。

第 12 号

72圆珠，无岛，118马齿。此种正面有2种背面（图谱41、42币）。

第 13 号

73圆珠，近岛，岛偏右，两边五角星平整，119马齿。此种正面有3种背面（图谱43、44、45币）。

第 14 号

73圆珠，连岛，铁锤特别长，"式"字点对"国"字，109马齿。此种正面只有1种背面（图谱46币）。

第 15 号

73圆珠，套岛，铁锤与镰刀柄较近，两边五角星右歪，107马齿。此种正面有4种背面（图谱47、48、49、50币）。

第 16 号

74圆珠,近岛,高"币"字,111马齿。此种正面有9种背面(图谱51、52、53、54、55、56、57、58、59币)。

第 17 号

74圆珠,连岛,歪"田""当"字,"维"字上方有条竖线,105马齿。此正面有7种背面(图谱60、61、62、62、64、65、66币)。

第 18 号

74圆珠,连岛,"式"字点对"中"字,111马齿。此种正面只有1种背面(图谱67币)。

第 19 号

75 圆珠，远岛，右歪岛，111 马齿。此种正面有 5 种背面（图谱 68、69、70、71、72 币）。

第 20 号

75 圆珠，连岛，长镰刀，"式"字点对"国"字，108 马齿。此正面有 2 种背面（图谱 73、74 币）。

第 21 号

75 圆珠，小套岛，"式"字点对右五角星，地图右上多一条短线，像鹰嘴钩，故叫"鹰钩版"。105 马齿。此种正面只有 1 种背面（图谱 75 币）。

第 22 号

75 圆珠，套岛，两个五角星右歪，镰刀柄靠地图线较近，110 马齿。此种正面只有 1 种背面（图谱 76 币）。

第 23 号

 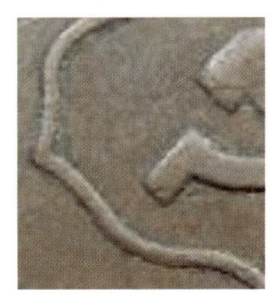

75 圆珠，套岛，左上"国"字离五角星较远，镰刀柄距离左地图线较远，左边地图线弯曲弧度比较大，106 马齿。此种正面有 2 种背面（图谱 77、78 币）。

第 24 号

75 圆珠，套岛，两个五角星较平整，"币"字右横与"国"字平齐，左边地图线弯曲弧度比较小，"弍"字点对"中"字，109 马齿。此种正面只有 1 种背面（图谱 79 币）。

第 25 号

76 圆珠,居中远岛,103 马齿。此种正面有 2 种背面(图谱 80、81 币)。

第 26 号

76 圆珠,中岛,"国"字右边一竖特别长,三角形"当"字,中心有个小圆点,111 马齿。此种正面有两种背面(图谱 82、83 币)。

第 27 号

76 圆珠,中岛,"国"字右边的一竖比较短,三角形"当"字,117 马齿。此种正面只有 1 种背面(图谱 84 币)。

第 28 号

76 圆珠，中岛，"和"字多一横，123 马齿。此种正面有 5 种背面（图谱 85、86、87、88、89 币）。

第 29 号

76 圆珠，近岛，六点"维"字，"日"字"当"，106 马齿。此种正面有 9 种背面（图谱 90、91、92、93、94、95、96、97、98 币）。

第 30 号

76 圆珠，连岛，"式"字点对右五角星，"由"字"当"，104 马齿。此种正面只有 1 种背面（图谱 99 币）。

第 31 号

 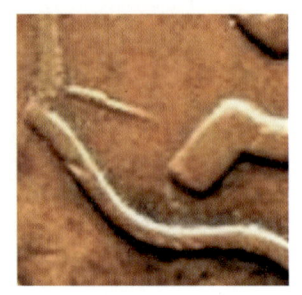

76 圆珠，连岛，地图左边有条细线，"式"字点对"中"字，107 马齿。此种正面只有 1 种背面（图谱 100 币）。

第 32 号

76 圆珠，套岛，插入岛内的大陆图开叉，"式"字点对"埃"字，109 马齿。此种正面有 3 种背面（图谱 101、102、103 币）。

第 33 号

77 圆珠，连岛，长锤，大"田""当"字，109 马齿。此种正面有 8 种背面。（图谱 104、105、106、107、108、109、110、111 币）。

第 34 号

77圆珠，小套岛，"式"字点对"国"字，短锤，108马齿。此种正面有10种背面（图谱112、113、114、115、116、117、118、119、120、121币）。

第 35 号

 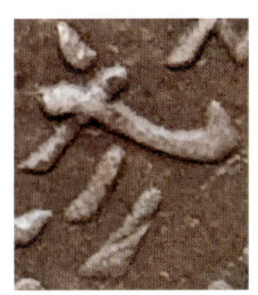

77圆珠，小套岛，小铁锤，"式"字点对"维"字，106马齿。此种正面只有1种背面（图谱122币）。

第 36 号

77圆珠，小套岛，大陆图呈圆形，"式"字点对"中"字，104马齿。此种正面有3种背面（图谱123、124、125币）。

第 37 号

77圆珠，套岛，"式"字点对"埃"字，两边右歪星，地图左边线条较直，109马齿。此种正面只有1种背面（图谱126币）。

第 38 号

78圆珠，连岛，"埃"字左下方两个圆珠连在一起，叫"上连珠版"，"式"字与"拾"字离得特别远，104马齿。此种正面有4种背面（图谱127、128、129、130币）。

第 39 号

78圆珠，连岛，"当"字上方两个圆珠相连在一起，叫"下连珠版"，107马齿。此种正面有5种背面（图谱131、132、133、134、135币）。

第 40 号

78 圆珠，连岛，连岛处大陆线特别宽且岛内有小线条，"式"字点对"中"字，109 马齿。此种正面只有 1 种背面（图谱 136 币）。

第 41 号

78 圆珠，小套岛，大仰锤，"式"字点对"维"字，108 马齿。此种正面有 5 种背面（图谱 137、138、139、140、141 币）。

第 42 号

78 圆珠，大套岛，短镰刀，"式"字点对"埃"字。此种正面有 5 种背面（图谱 142、143、144、145、146 币）。

第 43 号

　　78 圆珠，套岛，地图左边角特别尖，"巾"字里面多一竖，"式"字点对左星，109 马齿。此种正面只有 1 种背面（图谱 147 币）。

第 44 号

　　79 圆珠，套岛，"式"字点对"中"字，左五角星的右边有个小珠粘连在上一个珠，叫"左连珠版"，110 马齿。此种正面有 6 种背面（图谱 148、148、150、151、152、153 币）。

第 45 号

　　79 圆珠，大套岛，小"巾"币字，"式"字点对"埃"字，109 马齿。此种正面有 12 种背面（图谱 154、155、156、157、158、159、160、161、162、163、164、165 币）。

第 46 号

79圆珠，小套岛，大"巾"币字，"式"字点对"中"字，111马齿。此种正面只有1种背面（图谱166币）。

第 47 号

80圆珠，套岛，币的"巾"字多一小竖，110马齿。此种正面只有1种背面（图谱167币）。

二、背面110种钢模版式的编号

第 1 号

左边21谷粒（大谷穗）777排列，右边20麦粒677排列，叫"大777谷粒版"，105马齿。此种背面只搭配1种正面（图谱90币）。

第 2 号

左边 21 谷粒（小谷穗）876 排列，右边 20 麦粒 677 排列，叫"小 876 谷粒版"，104 马齿。此种背面只搭配 1 种正面（图谱 91 币）。

第 3 号

左边 21 谷粒（大谷穗）876 排列，右边 20 麦粒 677 排列，叫"大 876 谷粒版"，109 马齿。此种背面搭配 3 种正面（图谱 28、131、148 币）。

第 4 号

左边 21 谷粒（小谷穗）777 排列，右边 21 麦粒 777 排列，叫"小 777 谷粒版"，103 马齿。此种背面搭配 2 种正面（图谱 02、51 币）。

第 5 号

左边 22 谷粒 877 排列,右边 19 麦粒 667 排列,花结特别小,叫"小花结版",107 马齿。此种背面搭配 3 种正面(图谱 80、92、149 币)。

第 6 号

 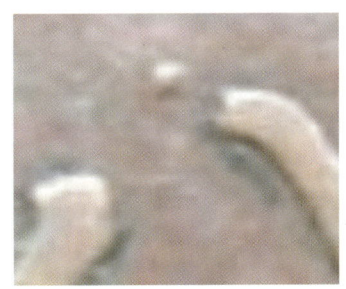

左边 22 谷粒 877 排列,右边 19 麦粒 667 排列(第 1 种),大头花结,"分"字头上有个小圆点,97 马齿。此种背面只搭配 1 种正面(图谱 154 币)。

第 7 号

左边 22 谷粒 877 排列,右边 19 麦粒 667 排列(第 2 种),大头花结,右上结带的左一竖靠左边倾斜,102 马齿。此种背面只搭配 1 种正面(图谱 155 币)。

第 8 号

左边 22 谷粒 877 排列，右边 19 麦粒 667 排列（第 3 种），大头花结，"分"字特别低，"分"字的捺接近"五"字的底横，100 马齿。此种背面只搭配 1 种正面（图谱 156 币）。

第 9 号

左边 22 谷粒 877 排列，右边 19 麦粒 667 排列（第 4 种），大头花结，左上结带比较长，99 马齿。此种背面只搭配 1 种正面（图谱 157 币）。

第 10 号

左边 22 谷粒 877 排列，右边 19 麦粒 667 排列（第 5 种），大头花结，左上结带有个突出的点，101 马齿。此种背面只搭配 1 种正面（图谱 158 币）。

第 11 号

　　左边 22 谷粒 877 排列，右边 19 麦粒 667 排列（第 6 种），大头花结，"分"字上方有个小圆点，右上结带右边一斜竖连接到结芯右边的底端，成一个大三角形，99 马齿。此种背面只搭配 1 种正面（图谱 159 币）。

第 12 号

　　左边 22 谷粒 877 排列，右边 20 麦粒 677 排列（第 1 种），"狭刀""分"字，98 马齿。此种背面搭配 4 种正面（图谱 01、05、12、58 币）。

第 13 号

　　左边 22 谷粒 877 排列，右边 20 麦粒 677 排列（第 2 种），"五"字上半部分比较短，右下结带口比较宽，107 马齿。此种背面搭配 2 种正面（图谱 03、55 币）。

第 14 号

左边 22 谷粒 877 排列，右边 20 麦粒 677 排列（第 3 种），"分"字的"刀"比较小，上方两个结带比较长，右下结带为三角形，97 马齿。此种背面只搭配 1 种正面（图谱 04 币）。

第 15 号

左边 22 谷粒 877 排列，右边 20 麦粒 677 排列（第 4 种），右下结带三角形，左下结带的横出头，106 马齿。此种背面只搭配 1 种正面（图谱 06 币）。

第 16 号

左边 22 谷粒 877 排列，右边 20 麦粒 677 排列（第 5 种），五角星比较大，"分"字"刀"的撇特别弯曲，并且下方开叉，102 马齿。此种背面搭配 2 种正面（图谱 07、53 币）。

第 17 号

　　左边 22 谷粒 877 排列，右边 20 麦粒 677 排列（第 6 种），四个结带比较细长，"分"字的"刀"比较宽，109 马齿。此种背面只搭配 1 种正面（图谱 08 币）。

第 18 号

　　左边 22 谷粒 877 排列，右边 20 麦粒 677 排列（第 7 种），左边有弯形齿轮印，左下结带三角形，109 马齿。此种背面搭配 6 种正面（图谱 14、67、74、126、136、144 币）。

第 19 号

　　左边 22 谷粒 877 排列，右边 20 麦粒 677 排列（第 8 种），四个结带口较宽，左边两个结带线相连，108 马齿。此种背面只搭配 1 种正面（图谱 16 币）。

第 20 号

左边 22 谷粒 877 排列，右边 20 麦粒 677 排列（第 9 种），上方两个结带特别长，111 马齿。此种背面搭配 3 种正面（图谱 18、26、35 币）。

第 21 号

左边 22 谷粒 877 排列，右边 20 麦粒 677 排列（第 10 种），右上结带离结芯，歪结芯，120 马齿。此种背面搭配 2 种正面（图谱 20、88 币）。

第 22 号

左边 22 谷粒 877 排列，右边 20 麦粒 677 排列（第 11 种），右上结带的横较平，左下结带内有条小线，119 马齿。此种背面搭配 3 种正面（图谱 21、25、87 币）。

第 23 号

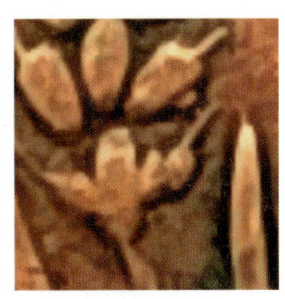

左边 22 谷粒 877 排列，右边 20 麦粒 677 排列（第 12 种），四个结带都呈三角形，下方三个暗记小圆点，谷穗下方右边谷粒断裂，108 马齿，叫"断谷版"。此种背面只搭配 1 种正面（图谱 22 币）。

第 24 号

左边 22 谷粒 877 排列，右边 20 麦粒 677 排列（第 13 种），四个结带比较均匀，左下禾叶开叉，112 马齿。此种背面搭配 2 种正面（图谱 23、44 币）。

第 25 号

左边 22 谷粒 877 排列，右边 20 麦粒 677 排列（第 14 种），"分"字较高，右上结带的横右斜，108 马齿。此种背面搭配 2 种正面（图谱 29、96 币）。

第 26 号

左边22谷粒877排列,右边20麦粒677排列(第15种),左上结带出头,105马齿。此种背面搭配3种正面(图谱30、95、150币)。

第 27 号

 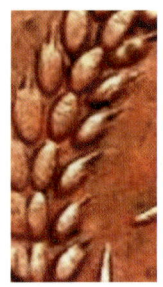

左边22谷粒877排列,右边20麦粒677排列(第16种),四个结带比较均匀,右边谷粒双谷芒,108马齿。此种背面只搭配1种正面(图谱31币)。

第 28 号

左边22谷粒877排列,右边20麦粒677排列(第17种),花结两边都是5条杆,110马齿,叫"5杆版"。此种背面只搭配1种正面(图谱32币)。

第 29 号

　　左边 22 谷粒 877 排列，右边 20 麦粒 677 排列（第 18 种），左边两个结带开口较宽大，"分"字捺接近"五"字上横，105 马齿。此种背面只搭配 1 种正面（图谱 33 币）。

第 30 号

　　左边 22 谷粒 877 排列，右边 20 麦粒 677 排列（第 19 种），左上结带离开结芯，内禾叶左低右高，104 马齿。此种背面只搭配 1 种正面（图谱 34 币）。

第 31 号

　　左边 22 谷粒 877 排列，右边 20 麦粒 677 排列（第 20 种），右下结带开口像个钩子，106 马齿。此种背面只搭配 1 种正面（图谱 36 币）。

第 32 号

左边 22 谷粒 877 排列，右边 20 麦粒 677 排列（第 21 种），"分"字"刀"的撇超过横，右上结带的横下斜，104 马齿。此种背面只搭配 1 种正面（图谱 37 币）。

第 33 号

左边 22 谷粒 877 排列，右边 20 麦粒 677 排列（第 22 种），下方两边禾叶较长，106 马齿。此种背面只搭配 1 种正面（图谱 38 币）。

第 34 号

左边 22 谷粒 877 排列，右边 20 麦粒 677 排列（第 23 种），左上结带特别宽大且出头，右上麦粒两条麦芒，107 马齿。此种背面搭配 2 种正面（图谱 39、142 币）。

第 35 号

左边 22 谷粒 877 排列，右边 20 麦粒 677 排列（第 24 种），三个结带的角不整洁，105 马齿。此种背面只搭配 1 种正面（图谱 41 币）。

第 36 号

左边 22 谷粒 877 排列，右边 20 麦粒 677 排列（第 25 种），右上中间麦粒两条麦芒，四个结带比较均匀且开口都较大，119 马齿。此种背面只搭配 1 种正面（图谱 43 币）。

第 37 号

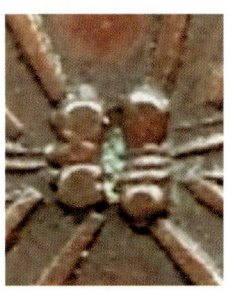

左边 22 谷粒 877 排列，右边 20 麦粒 677 排列（第 26 种），结芯特别漂亮，110 马齿。此种背面只搭配 1 种正面（图谱 45 币）。

第 38 号

左边 22 谷粒 877 排列，右边 20 麦粒 677 排列（第 27 种），大头花结，结芯有多个圆点，100 马齿。此种背面搭配 6 种正面（图谱 47、99、122、147、166、167 币）。

第 39 号

左边 22 谷粒 877 排列，右边 20 麦粒 677 排列（第 28 种），"分"字内有点，右上结带三角形未封口（部分币"五"字上方有个小月芽，叫"月芽版"），104 马齿。此种背面有 2 种正面（图谱 48、118 币）。

第 40 号

左边 22 谷粒 877 排列，右边 20 麦粒 677 排列，右边麦芒有两条特别长，106 马齿。此种背面只有 1 种正面（图谱 52 币）。

第 41 号

左边 22 谷粒 877 排列，右边 20 麦粒 677 排列（第 30 种），小五角星，左上结带较细长，麦芒较短，106 马齿。此种背面只搭配 1 种正面（图谱 54 币）。

第 42 号

 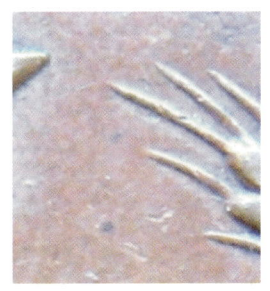

左边 22 谷粒 877 排列，右边 20 麦粒 677 排列（第 31 种），五角星上角较小，上方中间两条麦芒较短，"五"字底横上翘，109 马齿。此种背面只搭配 1 种正面（图谱 56 币）。

第 43 号

左边 22 谷粒 877 排列，右边 20 麦粒 677 排列（第 32 种），"分"字捺对"五"字中间，右上两条麦芒较长，108 马齿。此种背面搭配 2 种正面（图谱 57、104 币）。

第 44 号

左边 22 谷粒 877 排列，右边 20 麦粒 677 排列（第 33 种），五角星左歪，"分"字第一笔的撇特别短，右上结带三角形。此种背面只搭配 1 种正面（图谱 59 币）。

第 45 号

左边 22 谷粒 877 排列，右边 20 麦粒 677 排列（第 34 种），四个结带比较均匀，左下麦粒特别小，106 马齿。此种背面只搭配 1 种正面（图谱 61 币）。

第 46 号

左边 22 谷粒 877 排列，右边 20 麦粒 677 排列（第 35 种），"分"字"刀"的撇分离，右上结带角较尖，109 马齿。此种背面只搭配 1 种正面（图谱 62 币）。

第 47 号

 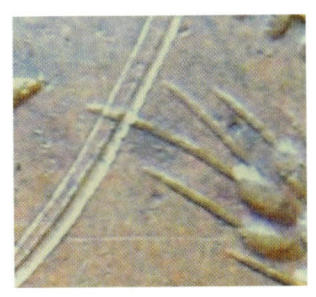

左边 22 谷粒 877 排列，右边 20 麦粒 677 排列（第 36 种），"分"字的"刀"斜横，麦芒上方开口较大。104 马齿。此种背面只搭配 1 种正面（图谱 63 币）。

第 48 号

 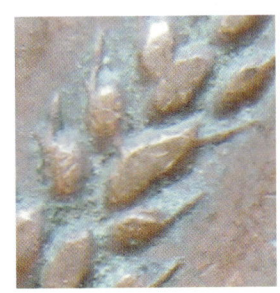

左边 22 谷粒 877 排列，右边 20 麦粒 677 排列（第 37 种），谷穗上方有 2 个谷粒粘连在一起，叫"连谷版"，109 马齿。此种背面只搭配 1 种正面（图谱 64 币）。

第 49 号

左边 22 谷粒 877 排列，右边 20 麦粒 677 排列（第 38 种），谷穗左排下方谷粒特别小，左上结带与结芯不相连，叫"离芯版"，103 马齿。此种背面只搭配 1 种正面（图谱 68 币）。

第 50 号

左边 22 谷粒 877 排列，右边 20 麦粒 677 排列（第 39 种），结芯比较漂亮，左上结带三角形，右下结带右角带钩。110 马齿。此种背面只搭配 1 种正面（图谱 69 币）。

第 51 号

左边 22 谷粒 877 排列，右边 20 麦粒 677 排列（第 40 种），结芯比较漂亮，左上结带三角形，右上结带的横比较平，111 马齿。此种背面只搭配 1 种正面（图谱 70 币）。

第 52 号

左边 22 谷粒 877 排列，右边 20 麦粒 677 排列（第 41 种），上方两个结带三角形，左下结带左角比较尖，108 马齿。此种背面只搭配 1 种正面（图谱 71 币）。

第 53 号

左边 22 谷粒 877 排列，右边 20 麦粒 677 排列（第 42 种），右下结带较尖，左麦芒开叉形成三条芒，104 马齿。此种背面只搭配 1 种正面（图谱 72 币）。

第 54 号

左边 22 谷粒 877 排列，右边 20 麦粒 677 排列（第 43 种），左上结带左边线条特别细，左禾叶近马齿，105 马齿。此种背面搭配 3 种正面（图谱 73、76、77 币）。

第 55 号

左边 22 谷粒 877 排列，右边 20 麦粒 677 排列（第 44 种），下方两个结带角较尖，"刀"的撇超过横，104 马齿。此种背面搭配 2 种正面（图谱 49、75 币）。

第 56 号

左边 22 谷粒 877 排列，右边 20 麦粒 677 排列（第 45 种），四个结带比较均匀，"分"字特别高，107 马齿。此种背面搭配 4 种正面（图谱 78、79、101、140 币）。

第 57 号

左边 22 谷粒 877 排列，右边 20 麦粒 677 排列（第 46 种），背面中心有个小月芽，110 马齿。此种背面只搭配 1 种正面（图谱 82 币）。

第 58 号

左边 22 谷粒 877 排列，右边 20 麦粒 677 排列（第 47 种），圆形花结，花结的左边四条穗杆，112 马齿，叫"四杆圆花结版"。此种背面搭配 3 种正面（图谱 83、84、85 币）。

第 59 号

左边 22 谷粒 877 排列，右边 20 麦粒 677 排列（第 48 种），圆形花结，花结左边三条穗杆，111 马齿，叫"三杆圆花结版"。此种背面只搭配 1 种正面（图谱 86 币）。

第 60 号

左边 22 谷粒 877 排列，右边 20 麦粒 677 排列（第 49 种），中心有个大圆点，104 马齿。此种背面只搭配 1 种正面（图谱 93 币）。

第 61 号

左边 22 谷粒 877 排列，右边 20 麦粒 677 排列（第 50 种），左下结带较短，右边上下结带线相交，"分"字的"刀"较宽大，106 马齿。此种背面只搭配 1 种正面（图谱 94 币）。

第 62 号

左边 22 谷粒 877 排列，右边 20 麦粒 677 排列（第 51 种），右上结带较宽大，小"刀""分"字，107 马齿。此种背面只搭配 1 种正面（图谱 98 币）。

第 63 号

左边 22 谷粒 877 排列，右边 20 麦粒 677 排列（第 52 种），"刀"字的撇在横笔的下方，下禾叶与结带不相连，111 马齿。此种背面搭配 2 种正面（图谱 100、129 币）。

第 64 号

左边 22 谷粒 877 排列，右边 20 麦粒 677 排列（第 53 种），"分"字的第一撇较弯曲且离禾叶较远，两边禾叶与结带不相连，106 马齿。此种背面搭配 2 种正面（图谱 40、102 币）。

第 65 号

左边 22 谷粒 877 排列，右边 20 麦粒 677 排列（第 54 种），歪"刀""分"字，右下和左下结带较对称，106 马齿。此种背面只搭配 1 种正面（图谱 127 币）。

第 66 号

左边 22 谷粒 877 排列，右边 20 麦粒 677 排列（第 55 种），大"刀""分"字，右边结带线相连，107 马齿。此种背面只搭配 1 种正面（图谱 128 币）。

第 67 号

左边 22 谷粒 877 排列，右边 20 麦粒 677 排列（第 56 种），粗捺"分"字，右上结带较宽大，105 马齿。此种背面只搭配 1 种正面（图谱 105 币）。

第 68 号

左边 22 谷粒 877 排列，右边 20 麦粒 677 排列（第 57 种），下方禾叶左宽右窄，下方两个结带较短，"刀"的撇超出横较多。此种背面只搭配 1 种正面（图谱 106 币）。

第 69 号

左边 22 谷粒 877 排列，右边 20 麦粒 677 排列（第 58 种），"分"字的捺特别长，108 马齿。此种背面只搭配 1 种正面（图谱 107 币）。

第 70 号

左边 22 谷粒 877 排列，右边 20 麦粒 677 排列（第 59 种），"分"字捺较直，上方两个结带距离较宽，105 马齿。此种背面只搭配 1 种正面（图谱 108 币）。

第 71 号

左边 22 谷粒 877 排列,右边 20 麦粒 677 排列(第 60 种),"分"字的"刀"撇上方多一个点。此种背面只搭配 1 种正面(图谱 109 币)。

第 72 号

左边 22 谷粒 877 排列,右边 20 麦粒 677 排列(第 61 种),小"刀""分"字,右上结带右边线条特别细,104 马齿。此种背面只搭配 1 种正面(图谱 112 币)。

第 73 号

左边 22 谷粒 877 排列,右边 20 麦粒 677 排列(第 62 种),上方右麦粒两条芒,左下结带比较宽大,105 马齿。此种背面只搭配 1 种正面(图谱 113 币)。

第74号

左边22谷粒877排列，右边20麦粒677排列（第63种），左下结带特别宽大，106马齿。此种背面只搭配1种正面（图谱114币）。

第75号

 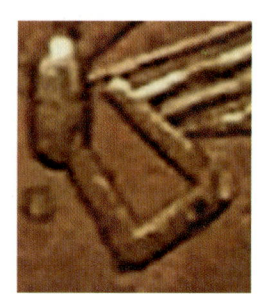

左边22谷粒877排列，右边20麦粒677排列（第64种），中心有个小圆点，右下结带较宽大，104马齿。此种背面只搭配1种正面（图谱115币）。

第76号

左边22谷粒877排列，右边20麦粒677排列（第65种），106马齿，开"刀""分"字，左上结带较长较大。此种背面只搭配1种正面（图谱117币）。

第 77 号

左边 22 谷粒 877 排列，右边 20 麦粒 677 排列（第 66 种），"分"字的"刀"特别宽大，左上结带交右结芯，104 马齿。此种背面只搭配 1 种正面（图谱 119 币）。

第 78 号

左边 22 谷粒 877 排列，右边 20 麦粒 677 排列（第 67 种），右下的结带特别长且带钩，107 马齿。此背面搭配 3 种正面（图谱 123、133、152 币）。

第 79 号

左边 22 谷粒 877 排列，右边 20 麦粒 677 排列（第 68 种），谷穗中间一排歪谷粒，叫"歪谷粒版"，106 马齿。此种背面只搭配 1 种正面（图谱 124 币）。

第80号

左边22谷粒877排列,右边20麦粒677排列(第69种),右上结带三角形,112马齿。此种背面只搭配1种正面(图谱132币)。

第81号

左边22谷粒877排列,右边20麦粒677排列(第70种),"分"字的"刀"斜横,106马齿。此种背面只搭配1种正面(图谱134币)。

第82号

左边22谷粒877排列,右边20麦粒677排列(第71种),右上结带口较宽大,左上方有弧线(也有少数无弧线的),108马齿。此种背面只搭配1种正面(图谱151币)。

第 83 号

左边 22 谷粒 877 排列，右边 20 麦粒 677 排列（第 72 种），左上结带角较尖，左禾叶连边（也有不连边的原版币），105 马齿。此种背面只搭配 1 种正面（图谱 137 币）。

第 84 号

左边 22 谷粒 877 排列，右边 20 麦粒 677 排列（第 73 种），左下结带较大，右边两个结带线相连，102 马齿。此种背面只搭配 1 种正面（图谱 138 币）。

第 85 号

左边 22 谷粒 877 排列，右边 20 麦粒 677 排列（第 74 种），斜"刀""分"字，五字底横上翘，左上结带左边带钩状，108 马齿。此种背面只搭配 1 种正面（图谱 139 币）。

第 86 号

左边 22 谷粒 877 排列，右边 20 麦粒 677 排列（第 75 种），底版凹凸不平，左下结带三角形，106 马齿。此种背面只搭配 1 种正面（图谱 141 币）。

第 87 号

左边 22 谷粒 877 排列，右边 20 麦粒 677 排列（第 76 种），短撇"刀"，上方两个结带大，下方两个结带较小，105 马齿。此种背面只搭配 1 种正面（图谱 143 币）。

第 88 号

左边 22 谷粒 877 排列，右边 20 麦粒 677 排列（第 77 种），"分"字捺特别长，最后一撇特别短，右上结带与结芯不连接，108 马齿。此背面有 2 种正面（图谱 130、145 币）。

第 89 号

 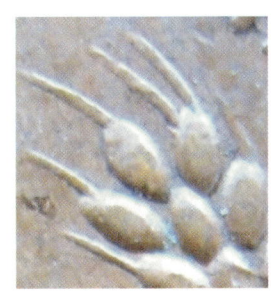

左边 22 谷粒 877 排列,右边 20 麦粒 677 排列(第 78 种),左下结带开口大,右上麦粒两条麦芒,叫"两芒版",107 马齿。此种背面只搭配 1 种正面(图谱 146 币)。

第 90 号

左边 22 谷粒 877 排列,右边 20 麦粒 677 排列(第 79 种),四个结带较均匀,底下有叠纹印(少量底下无叠纹的),101 马齿。此种背面只搭配 1 种正面(图谱 160 币)。

第 91 号

左边 22 谷粒 877 排列,右边 20 麦粒 677 排列(第 80 种),右歪"五"字,左上结带特别大,右上结带右边有个小钩,100 马齿。此种背面只搭配 1 种正面(图谱 161 币)。

第 92 号

左边 22 谷粒 877 排列，右边 20 麦粒 677 排列（第 81 种），五角星左歪，"分"字长方体，右下结带线条弯曲，100 马齿。此种背面只搭配 1 种正面（图谱 162 币）。

第 93 号

左边 22 谷粒 877 排列，右边 20 麦粒 677 排列（第 82 种），方形花结，左上结带较长且开口较大，108 马齿。此种背面只搭配 1 种正面（图谱 164 币）。

第 94 号

左边 22 谷粒 877 排列，右边 20 麦粒 677 排列（第 83 种），右下结带较小，105 马齿。此种背面只搭配 1 种正面（图谱 116 币）。

第 95 号

 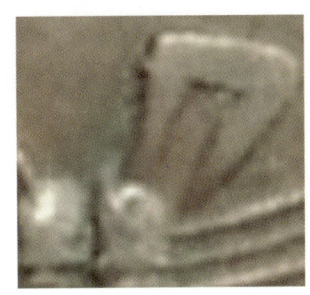

左边 22 谷粒 877 排列，右边 20 麦粒 677 排列（第 84 种），"分"字"刀"的横比较斜，右上结带的横比较平，108 个马齿。此种背面只搭配 1 种正面（图谱 09 币）。

第 96 号

左边 22 谷粒 877 排列，右边 20 麦粒 677 排列（第 85 种），左上结带较靠左斜，下方两个结带特别长。此种背面只搭配 1 种正面（图谱 120 币）。

第 97 号

左边 22 谷粒 877 排列，右边 20 麦粒 677 排列（第 86 种），左边谷穗下方 4 个谷粒连在一起，120 马齿，叫"4 谷粒版"。此种背面只搭配 1 种正面（图谱 89 币）。

第 98 号

左边 22 谷粒 877 排列,右边 20 麦粒 677 排列(第 87 种),左右两边结带线相连,106 马齿。此种背面只搭配 1 种正面(图谱 121 币)。

第 99 号

 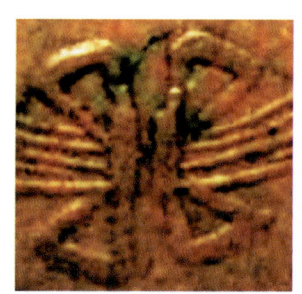

左边 22 谷粒 877 排列,右边 20 麦粒 677 排列(第 88 种),右上结带与麦叶距离较远,右下结带右边有个小圆点,左下结带右边与结芯成直线。此种背面只搭配 1 种正面(图谱 163 币)。

第 100 号

左边 22 谷粒 877 排列,右边 20 麦粒 677 排列(第 89 种),左上结带三角形,右边结带线相连接,106 马齿。此种背面只搭配 1 种正面(图谱 15 币)。

第 101 号

左边 22 谷粒 877 排列，右边 20 麦粒 677 排列，（第 90 种），"分"字"刀"的撇与横平行，右下三个麦芒特别长，叫"平刀三长芒版"。此种背面只搭配 1 种正面（图谱 50 币）。

第 102 号

左边 22 谷粒 877 排列，右边 20 麦粒 677 排列（第 91 种），方形花结，左上结带三角形，104 马齿。此种背面只搭配 1 种正面（图谱 165 币）。

第 103 号

左边 22 谷粒 886 排列，右边 20 麦粒 776 排列，左上和右下结带呈菱形，105 马齿。此种背面只搭配 1 种正面（图谱 60 币）。

第 104 号

左边 22 谷粒 877 排列，右边 21 麦粒 777 排列（第 1 种），左上与右下结带特别长且右下结带开叉，103 马齿。此种背面搭配 5 种正面（图谱 10、19、24、42、81 币）。

第 105 号

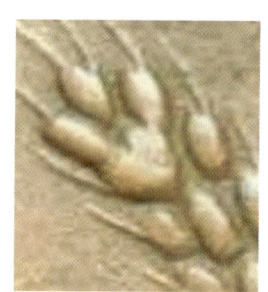

左边 22 谷粒 877 排列，右边 21 麦粒 777 排列（第 2 种），麦穗比较粗大，上方粘连，左下结带有钩，109 马齿。此种背面只搭配 1 种正面（图谱 65 币）。

第 106 号

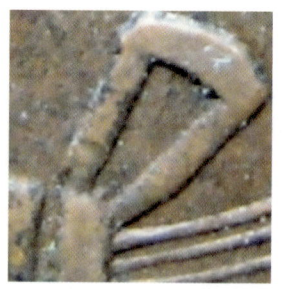

左边 22 谷粒 877 排列，右边 21 麦粒 777 排列（第 3 种），右上结带比较长，106 马齿。此种背面只搭配 1 种正面（图谱 110 币）。

第 107 号

左边 22 谷粒 877 排列，右边 22 麦粒 778 排列，叫"22 麦粒版"，108 马齿。此种背面只搭配 1 种正面（图谱 97 币）。

第 108 号

左边 23 谷粒 878 排列，右边 20 麦粒 677 排列，叫"8 谷粒版"，101 马齿。此种背面只搭配 1 种正面（图谱 11 币）。

第 109 号

左边 23 谷粒 878 排列，右边 21 麦粒 777 排列，谷穗下方有一个与稻杆相连的小谷粒，叫"小谷粒版"，110 马齿。此种背面搭配 7 种正面（图谱 13、27、46、66、103、111、135 币）。

第 110 号

左边 23 谷粒 878 排列，右边 21 麦粒 777 排列，谷穗右边下方有个与稻杆不相连的小谷芽，中间有个小圆点，叫"谷芽版"，107 马齿。此种背面搭配 2 种正面（图谱 125、153 币）。

三、167 种版式币产生模式

就目前看，上述 157 个钢模，总共生产出 167 种版式币。我们可以用代码来表述这 167 个币产生的情况。如代码"01.（1-12）"，前面这个"01"是 167 个版式图谱的编号，即"图谱 01 币"的意思；括号内的"1"是正面钢模编号，即使用第 1 号钢模印制出来的意思；"12"是背面钢模编号，即使用第 12 号钢模印制出来的意思。其完整的表述是：图谱 01 币是由正面第 1 号钢模与背面第 12 号钢模印制而成的。167 种版式币以此类推如下（具体详见图 1）。

五分铜币版式图谱就是这样编制出来的。

可能有些人，对为印制五分铜币雕刻了 157 个钢模，以及五分铜币有 167 种版式的结论，会存在一些怀疑，其准确率究竟有多高，我们来分析一下：

按照谢里仁"一个钢模，好的能用两天，差的只能用一天"的说法，用模糊数学的概念来推理，平均一个钢模的使用时间是一天半，从 1934 年 2 月 5 日开始生产，到同年 10 月初准备长征，时间是 8 个月，也就是 240 天。假定平均一个钢模能用一天半，240 天就需要 160 个钢模。所以，到目前为止发现 157 个钢模，与逻辑推理的情况基本是一致的，应该是准确的。尽管今后可能还会发现非常少量新的原钢模版式币，这也很正常，对事物的认识是发展的、变化的，但估计新币的发现不会太多。

01.	(1–12)	02.	(2–4)	03.	(2–13)	04.	(2–14)	05.	(2–12)
06.	(2–15)	07.	(2–16)	08.	(2–17)	09.	(2–95)	10.	(2–104)
11.	(2–108)	12.	(3–12)	13.	(4–109)	14.	(5–18)	15.	(5–100)
16.	(5–19)	17.	(5–63)	18.	(5–20)	19.	(6–104)	20.	(7–21)
21.	(7–22)	22.	(8–23)	23.	(8–24)	24.	(8–104)	25.	(8–22)
26.	(9–20)	27.	(9–109)	28.	(10–3)	29.	(10–25)	30.	(10–26)
31.	(10–27)	32.	(11–28)	33.	(11–29)	34.	(11–30)	35.	(11–20)
36.	(11–31)	37.	(11–32)	38.	(11–33)	39.	(11–34)	40.	(11–64)
41.	(12–35)	42.	(12–104)	43.	(13–36)	44.	(13–24)	45.	(13–37)
46.	(14–109)	47.	(15–38)	48.	(15–39)	49.	(15–55)	50.	(15–101)
51.	(16–4)	52.	(16–40)	53.	(16–16)	54.	(16–41)	55.	(16–13)
56.	(16–42)	57.	(16–43)	58.	(16–12)	59.	(16–44)	60.	(17–103)
61.	(17–45)	62.	(17–46)	63.	(17–47)	64.	(17–48)	65.	(17–105)
66.	(17–109)	67.	(18–18)	68.	(19–49)	69.	(19–50)	70.	(19–52)
71.	(19–52)	72.	(19–53)	73.	(20–54)	74.	(20–18)	75.	(21–55)
76.	(22–54)	77.	(23–54)	78.	(23–56)	79.	(24–56)	80.	(25–5)
81.	(25–104)	82.	(26–57)	83.	(26–58)	84.	(27–58)	85.	(28–58)
86.	(28–59)	87.	(28–22)	88.	(28–21)	89.	(28–97)	90.	(29–1)
91.	(29–2)	92.	(29–5)	93.	(29–60)	94.	(29–61)	95.	(29–26)
96.	(29–25)	97.	(29–107)	98.	(29–62)	99.	(30–38)	100.	(31–63)
101.	(32–56)	102.	(32–64)	103.	(32–109)	104.	(33–43)	105.	(33–67)
106.	(33–68)	107.	(33–69)	108.	(33–70)	109.	(33–71)	110.	(33–106)
111.	(33–109)	112.	(34–72)	113.	(34–73)	114.	(34–74)	115.	(34–75)
116.	(34–94)	117.	(34–76)	118.	(34–39)	119.	(34–77)	120.	(34–96)
121.	(34–98)	122.	(35–38)	123.	(36–78)	124.	(36–79)	125.	(36–110)
126.	(37–18)	127.	(38–65)	128.	(38–66)	129.	(38–63)	130.	(38–88)
131.	(39–3)	132.	(39–80)	133.	(39–78)	134.	(39–81)	135.	(39–109)
136.	(40–18)	137.	(41–83)	138.	(41–84)	139.	(41–85)	140.	(41–56)
141.	(41–86)	142.	(42–34)	143.	(42–87)	144.	(42–18)	145.	(42–88)
146.	(42–89)	147.	(43–38)	148.	(44–3)	149.	(44–5)	150.	(44–26)
151.	(44–82)	152.	(44–78)	153.	(44–110)	154.	(45–6)	155.	(45–7)
156.	(45–8)	157.	(45–9)	158.	(45–10)	159.	(45–11)	160.	(45–90)
161.	(45–91)	162.	(45–92)	163.	(45–99)	164.	(45–93)	165.	(45–102)
166.	(46–38)	167.	(47–38)						

图 1　中华苏维埃共和国五分铜币版式图谱

五分铜币连环混配现象研究

中华苏维埃共和国五分铜币从目前收集到的原钢模版式币看,正面钢模只有47个,背面钢模110个,本书所列167个原钢模版式币实际上都是混配产生的。

比如:一个背面与6个正面混配的组合币。

图1-1是一个五分铜币的背面图案,肉眼可以观察到:方形花结;左边22谷粒877排列(即谷穗左边一排8个谷粒,中间一排7个谷粒,右边一排7个谷粒,下同);右边20麦粒677排列;谷穗与分字中间有一道弧形带齿轮形状图案(暂且不说是怎样形成的)。

图1-1 五分铜币背面

研究发现,正面(图1-2)有71圆珠小套岛、74圆

| 71 圆珠小套岛 | 74 圆珠连岛 | 75 圆珠连岛 |
| 77 圆珠套岛 | 78 圆珠连岛 | 78 圆珠套岛 |

图1-2 不同的正面版式

珠连岛、75 圆珠连岛、77 圆珠套岛、78 圆珠连岛、78 圆珠套岛 6 种不同情况，其背面却是一样的，即同一个钢模印制出来的。

又比如：一个正面与 12 个背面混配的组合群。

这个币的编号为图谱 154 币（图 2-1），正面有 79 个圆珠，大套岛，小"巾"币字，"式"字的点对"维"字，109 个马齿。研究发现，这种正面图案的币，竟然有 12 种不同的背面（图 2-2）。简直让人不敢想象，正面钢模这么耐用，而背面钢模却又如此不耐用。这种现象，恐怕在机制币中很难找到第二例。

图 2-1　图谱 154 币

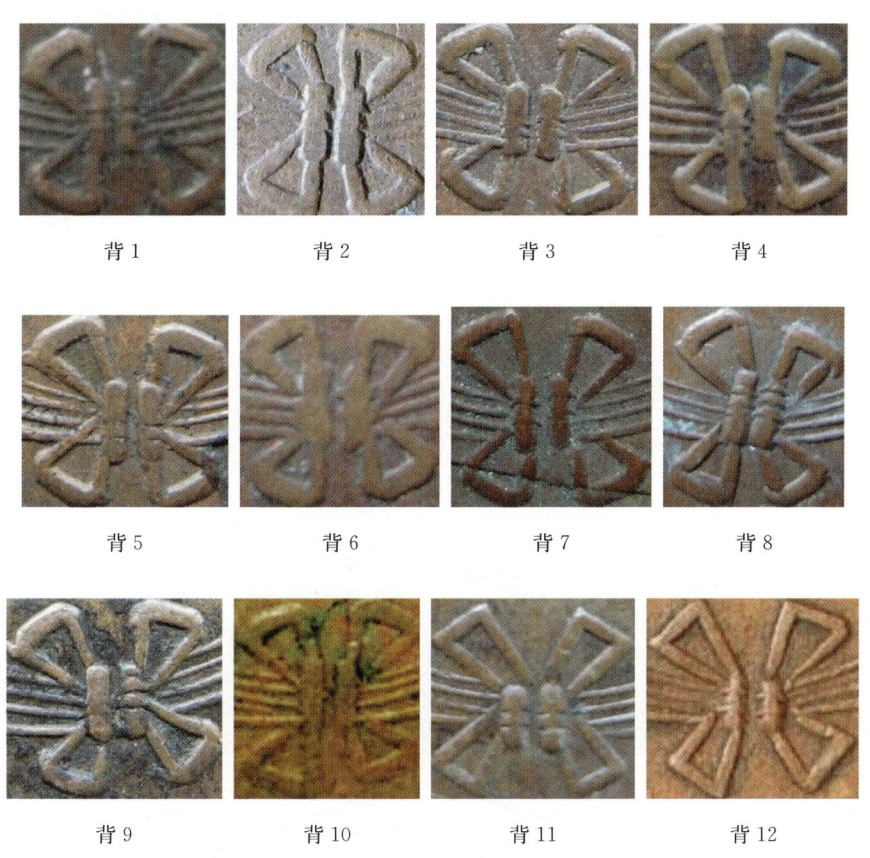

背 1	背 2	背 3	背 4
背 5	背 6	背 7	背 8
背 9	背 10	背 11	背 12

图 2-2　12 种不同背面的花结图

上述背面花结图案下方标注的"背 1"是指编号图谱 154 币背面花结的图案，以此类推分别为图谱 154、155、156、157、158、159、160、161、162、163、164、165 币背面花结的图案。

在 167 种原钢模版式币中，其实还有一种正面搭配 2 种背面；一种正面搭配 3 种背面；一种正面搭配 4 种背面；一种正面搭配 5 种背面；一种正面搭配 6 种背面；一种正面搭配 7 种背面；一种正面搭配 8 种背面；一种正面搭配 9 种背面；一种正面搭配 10 种背面的情况。

从背面角度看，也还有一种背面搭配 2 种正面；一种背面搭配 3 种正面；一种背面搭配 4 种正面；一种背面搭配 5 种正面；一种背面搭配 7 种正面的情况。

可以说，中华苏维埃共和国五分铜币"一正多背"或者"一背多正"是普遍现象，没有一个是一一对应的币。这种"一正多背""一背多正"的互相组合，就产生非常有趣的"多币混配链"。少的 5 个币连环混配在一起（图 3），多的 130 个币连环混配在一起（图 6）。你是我的正面，我又是他的背面。这个正面连着那个背面，那个背面又连着另外的正面。你连着我，我连着他，不断延伸，构成纷繁复杂的混配链奇观。

研究发现，这 167 个原钢模版式币共有 4 组混配链，我们来看看：

第一组：5 个币连环混配

与图谱 68 币正面相同的，共有图谱 68、69、70、71、72 币 5 种不同的背面版式（图 3）。

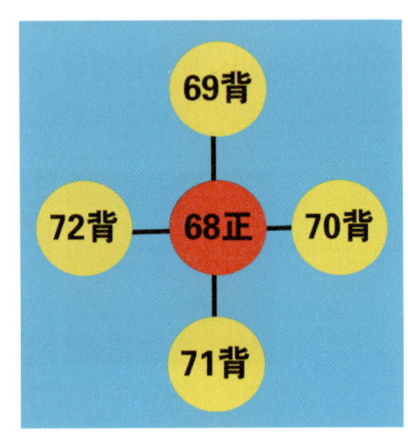

图 3　5 个币连环混配

第二组：12 个币连环混配

这 12 个币的正面都是同一个钢模，而背面却是不同钢模版式（图 4）。

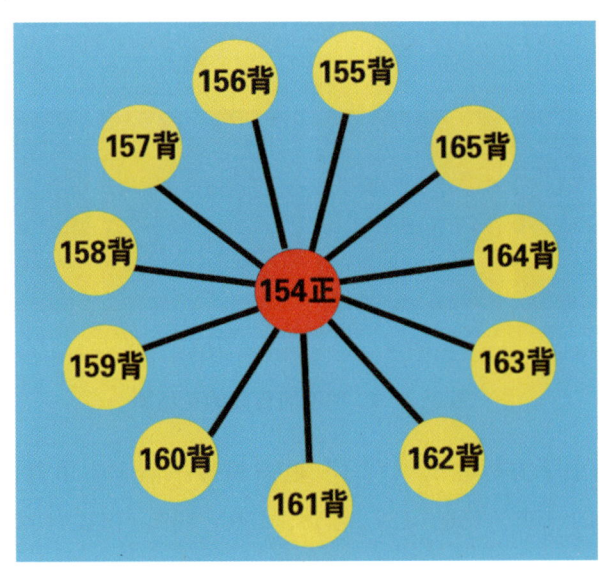

图 4　12 个币连环混配

第三组：20个币连环混配

从图5可以看出，这20个币的混配链有三组币组成。第一组是以118币正面为中心，与118币正面相同的共有10种不同的背面，即图谱112、113、114、115、116、117、118、119、120、121币（其中118币背面与48币背面是相同的）。第二组是以49币正面为中心，与49币正面相同的有4个不同背面，即47、48、49、50币（其中49币背面与75币背面是相同的）。相同的正面，背面不管有多少个，只能算一个钢膜。第三组是以47币背面为中心，与47币背面相同的有6种不同的正面，即47、99、122、147、166、167币（其中47币正面与49币正面是相同的）。

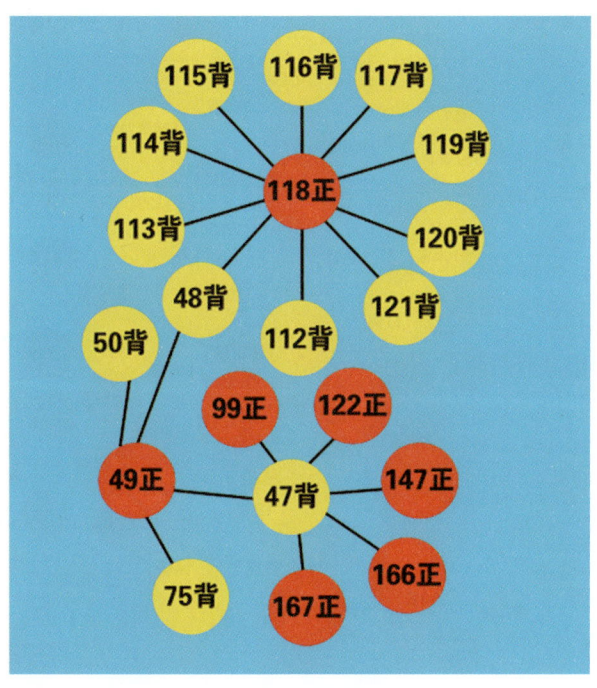

图5　20个币连环混配

这样，20个币就互相连接在一起了。

第四组：130个币连环混配

图6是最长、最复杂的一条混配链示意图，从图中可以看到，这条连环混配链形成了一个蜂窝状链接群。

从图中可以看到，与02币正面相同的共有10个不同的背面，即02、03、04、05、06、07、08、09、10、11币（其中02币背面与51币背面是相同的）。

与05币背面相同的有3个不同的正面，即01、05、12币（其中05币的正面与02币正面是相同的）。

与10币背面相同的有3个不同的正面，即10、19、24币（其中10币的正面与

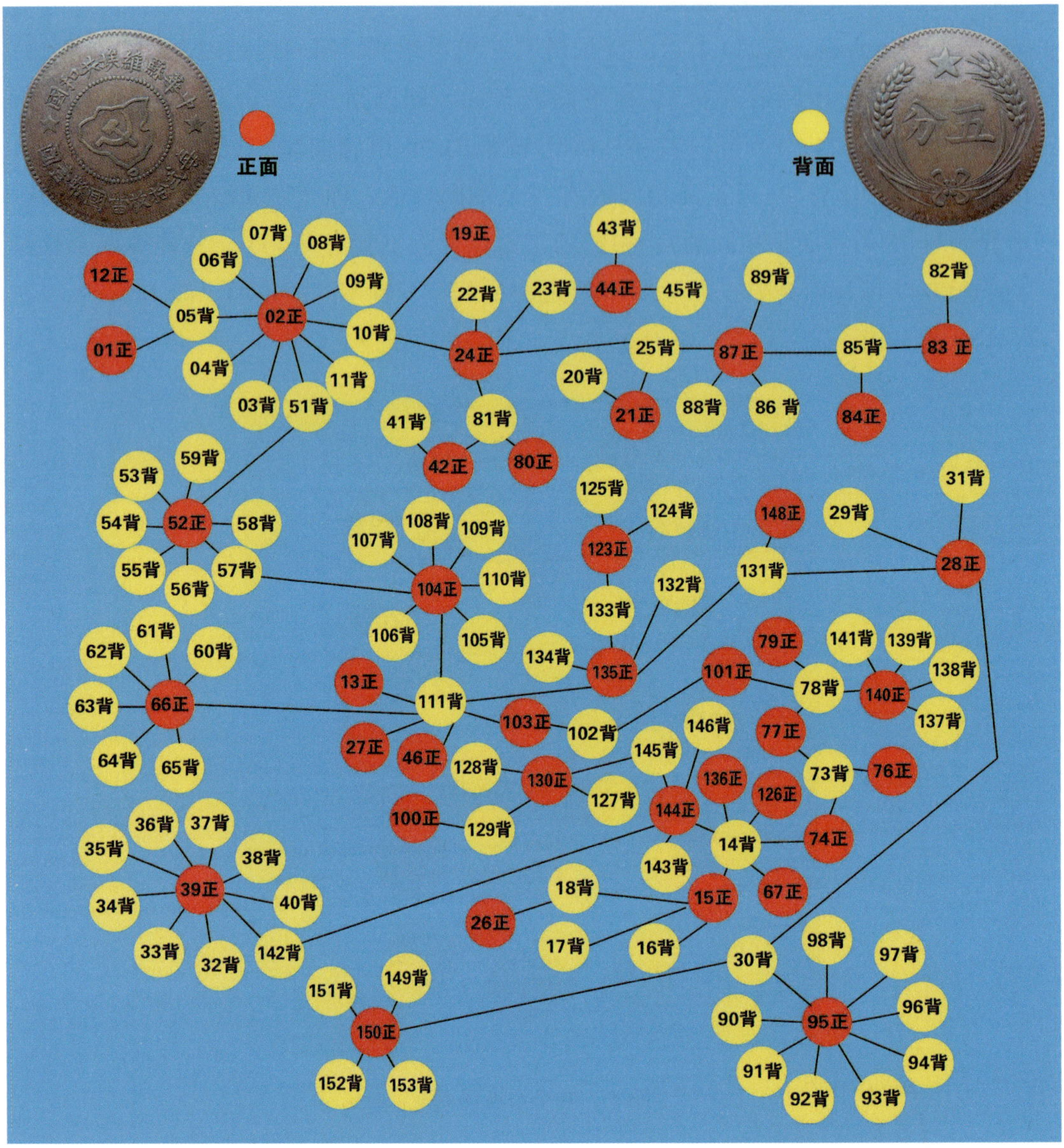

图6 130个币连环混配

02币正面是相同的）。

与24币正面相同的有4个不同的背面，即22、23、24、25币（其中24币背面与10、81背面是相同的）。

41币正面与42币正面相同，42币背面与81币背面相同，81币正面与80币正面相同。

与44币正面相同的有3个不同的背面，即43、44、45币（其中44币背面与23币背面是相同的）。

与 21 币正面相同的有 2 个不同的背面，即 20、21 币（其中 21 币背面与 25 币背面是相同的）。

与 87 币正面相同的有 5 个不同的背面，即 85、86、87、88、89 币（其中 87 币背面与 25 币背面是相同的）。

与 85 币背面相同的有 3 个不同的正面，即 83、84、85 币（其中 85 币正面与 87 币正面是相同的，83 币正面与 82 币正面也是相同的）。

与 52 币正面相同的有 9 个不同的背面，即 51、52、53、54、55、56、57、58、59 币（其中 57 币背面与 104 币背面是相同的）。

与 104 币正面相同的有 8 个不同的背面，即 104、105、106、107、108、109、110、111 币（其中 104 币背面与 57 币背面是相同的）。

与 111 币背面相同的有 7 个不同的正面，即 13、27、46、66、103、135、111 币（其中 111 币正面与 104 币正面是相同的）。

与 66 币正面相同的有 7 个不同的背面，即 60、61、62、63、64、65、66 币（其中 66 币背面与 111 币背面是相同的）。

与 135 币正面相同的有 5 个不同的背面，即 131、132、133、134、135 币（其中 135 币背面与 111 币背面是相同的）。

与 123 币正面相同的有 3 个不同的背面，即 123、124、125 币（其中 123 币背面与 133 币背面是相同的）。

与 131 币背面相同的有 3 个不同的正面，即 28、131、148 币（其中 131 币正面与 135 币正面是相同的）。

与 28 币正面相同的有 4 个不同的背面，即 28、29、30、31 币（其中 28 币背面与 131 币背面是相同的）。

101、102、103 币的正面是相同的。

与 78 币背面相同的有 4 个不同的正面，即 78、79、101、140 币（其中 78 币正面与 77 币正面是相同的）。

与 140 币正面相同的有 5 个不同的背面，即 137、138、139、140、141 币（其中 140 币背面与 78 币背面是相同的）。

与 73 币背面相同的有 3 个不同的正面，即 73、76、77 币（其中 73 币正面与 74 币正面是相同的。

与 14 币背面相同的有 6 个不同的正面，即 14、67、74、126、136、144 币（其中 14 币正面与 15 币正面是相同的）。

与 15 币正面相同的有 5 个不同的背面，即 14、15、16、17、18 币（其中 18 币背面与 26 币背面是相同的）。

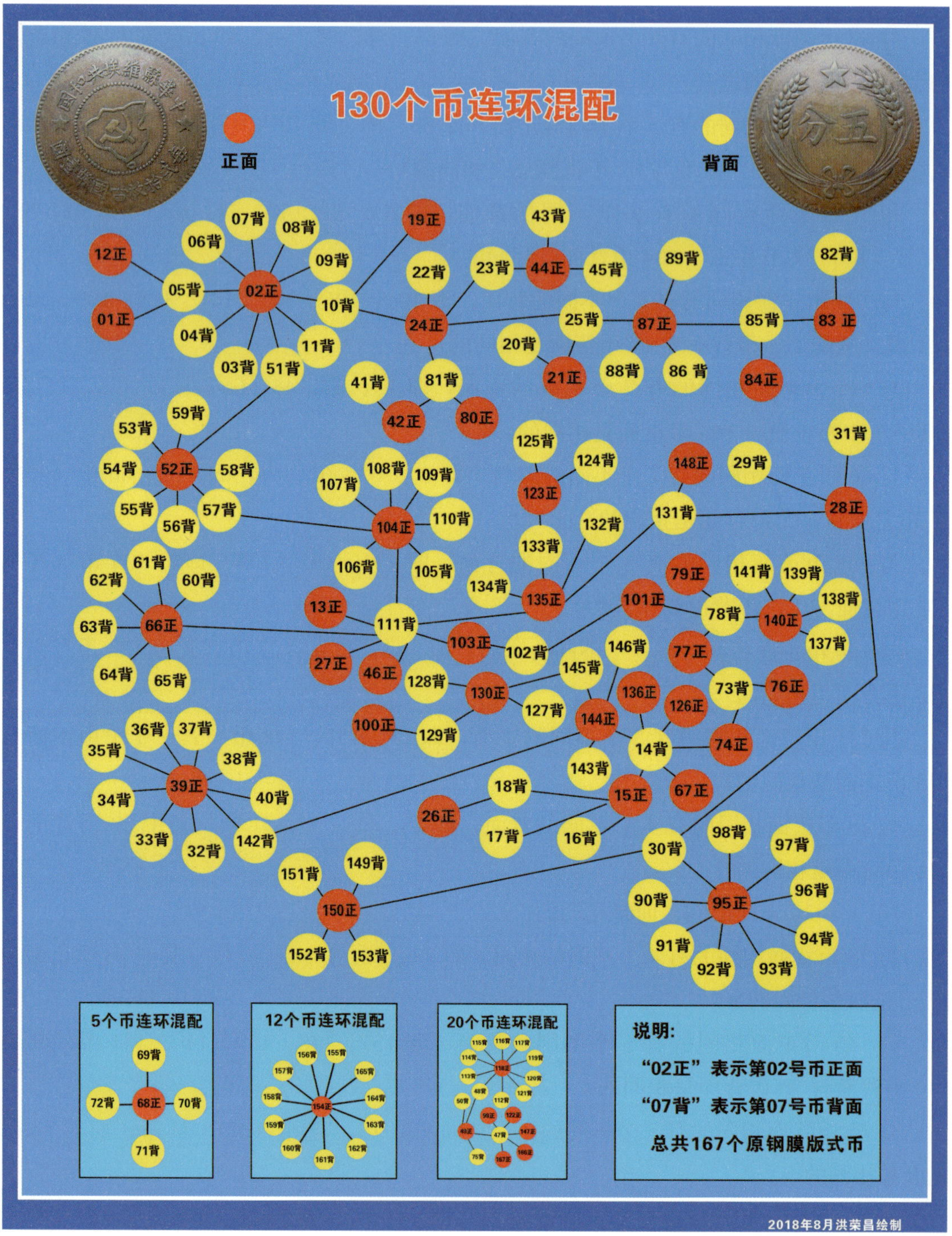

图7 中华苏维埃共和国五分铜币连环混配示意图

与 144 币正面相同的有 5 个不同的背面，即 142、143、144、145、146 币（其中 144 币背面与 14 币背面是相同的）。

与 39 币正面相同的有 9 个不同的背面，即 32、33、34、35、36、37、38、39、40 币（其中 39 币背面与 142 币背面是相同的）。

与 130 币正面相同的有 4 个不同的背面，即 127、128、129、130 币（其中 130 币背面与 145 币背面是相同的，129 币背面与 100 币背面也是相同的）。

与 95 币正面相同的有 9 个不同的背面，即 90、91、92、93、94、95、96、97、98 币（其中 95 币背面与 30 币背面是相同的）。

与 150 币正面相同的有 5 个不同的背面，即 149、150、151、152、153 币（其中 150 币背面与 30 币背面的相同的）。

这些连环混配链神秘莫测，非常复杂，让人看了眼花缭乱，它创造了机制币正、背面混配的帝国世界，成为古今中外钱币史上艳丽的奇葩。

五分铜币印花钢模使用方法新发现

在研究五分铜币混配现象中,我意外地发现印花过程中钢模的使用方法。

我们先来看看图1至图4中4个币的混配情况:

图1币这个币是76个圆珠,中岛,有123个马齿,"和"字多一横。背面谷穗和麦穗都较小,119个马齿,方形花结,左下结带内有一条细线。

图1　混配1

图2币和图1币的背面是相同的,同样是119个马齿,方形花结,左下结带内有一条细线。但正面不同:图2币有72个圆珠,中岛,而且岛的位置偏右,122个马齿。

图2　混配2

图3币与图2币的正面相同,同样是72个圆珠,中岛,岛的位置偏右,122个马齿。但背面不同,虽然也是方形花结,但花结的形状不一样,结芯是向右边歪的,120个马齿。

图3 混配3

图4币与图3币背面是相同的,同样是方形花结,结芯向右边歪,120个马齿。但正面却有76个圆珠,中岛,有123个马齿,"和"字多一横,与图1币的正面是同一个钢模。

图4 混配4

机器冲压制造钱币这种技术是清朝晚期由西方国家传入我国的。1889年,张之洞主持建设了广东钱局,采用西方制钱技术,使用机器冲压生产钱币。这一举动在钱币发展史上有着重要意义,机制币由此开始了自己崭新的历程,标志着中国货币长达两千多年的翻砂浇铸法铸造钱币成为历史。机制币的制作,首先是要雕刻钢模,按照事先设计好的图案雕刻成阴面凹槽模具。然后是制作铜坯,熔炼金属制成板材,再用冲饼机器冲压出圆形坯饼,把坯饼放入滚边机里进行滚边,滚好边后进行加热,最后放入印花机冲压印上花纹图案。机制币的花纹图案两面是不一样的,一般情况下有国名或国号的一面为正面,另外一面为背面。如清朝时期的光绪元宝,有"光绪元宝"字样的是正面,有龙形图案的为背面。中华苏维埃共和国五分铜币有"中华苏维埃共和国"字样的为正面，有"五分"字样的为背面。

一般认为在铜币制作过程中，正面钢模与背面钢模的使用寿命会产生差异。从节约成本角度出发，有可能哪个面的钢模坏了就换哪个面的钢模，不会同时把另外一个还能使用的钢模换掉。由于这种不对称性情况的存在，很容易产生一种正面多种背面或者一种背面多种正面的币。

当然，上面只是五分铜币的一般工作流程。研究发现，中华苏维埃共和国五分铜币混配现象非常复杂，超出了一般人的想象。就像上述4个币的混配现象，在印花过程中，钢模的使用，并非是某个钢模坏了才换上新的钢模再印花。从第4个币的正面情况看，又回到了开始使用的第一个钢模。4个币正、背面混配之中竟然是循环往复的（图5）。

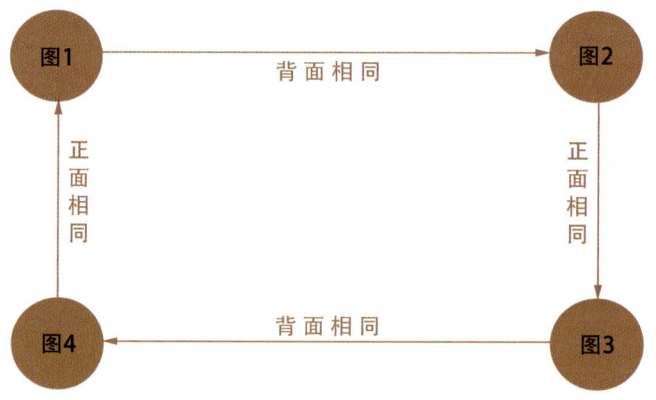

图5　4个币连环混配示意图

按照常理，印花钢模破损之后就报废不用了，但从循环往复图形看，报废之后的钢模像是过一段又捡起来重新使用了。

这究竟是怎么回事？

纵观4个币的混配情况，只有一种可能，那就是当时使用钢模的方法，并不是等钢模坏了才换下来，而是为了延长钢模的使用寿命，制作工人根据钢模发热情况，经常更换钢模，目的是让发热钢模得到冷却，以后再次使用。

印花钢模发热主要来自铜胚。那时候，铜币印花并不像今天这样有几十吨的压力机，铜币印花是工人使用螺旋杆压力制作而成的。为了既使印花节省力气，又使花纹印得更加清晰，印花之前工人们先要将准备印花的铜胚进行加热，使其降低硬度。热铜胚与钢模接触，又会将热能传递给钢模，使用久了钢模也自然发热软化，这对钢模使用寿命产生很大的威胁。为解决"发热软化"的问题，唯一的办法就是使用一段时间，把钢模换下来，让其冷却，强其硬度，之后再继续使用。从复杂的五分铜币混配链情况看，有些钢模可能并非因一次发热而换下来，而是在多次发热的情况下换下来，即换下来——继续使用——再换下来——再使用……不断循环直至钢模坏了。

这是苏区人民发挥聪明才智的典型事例，也是新发现机制币印花工序的方法。这种方法大大地延长了钢模的使用寿命，节约了铜币印制的成本。

这种循环往复、多次使用、随意混配的工序，也是中华苏维埃共和国五分铜币产生众多版式的主要原因。

五分铜币边齿问题

2011年9月，解放军出版社出版发行拙作《红色货币——中华苏维埃共和国国家银行发行货币版别研究》。此书受到广大苏区钱币收藏爱好者的青睐，为研究中华苏维埃共和国国家银行发行货币的版式提供了依据，开拓了思路，起到了工具书的作用。是目前国内外，唯一一本全面介绍中华苏维埃共和国国家银行货币版式的作品。感恩我国钱币学界的泰斗戴志强老师，为此书作序推荐。

在感叹自己为钱币研究做出一点点贡献的同时，又深深地感到，此书的出版确实仓促了点，一些问题并没有研究透彻，借此向读者道歉。

经过几年的学习和探索，有些比较重要的关于中华苏维埃共和国五分铜币的问题，基本上搞清楚了，如边齿问题。

我们在鉴定中华苏维埃共和国五分铜币时，一般都要看看币的边齿。这是因为，中华苏维埃共和国五分铜币的边齿是非常特殊的。有些特征，恐怕现在即使采用最先进的科学手段也难于仿造。例如图1，这些形状不一的五分铜币边齿，既是岁月留下的痕迹，又是当时手工制作的印记。中华苏维埃共和国五分铜币很难找到有完整边齿的铜币，都是这种歪歪斜斜、断断续续的边齿。这是鉴定五分铜币真假的依据之一。现代高仿的五分铜币，正背面的印花钢模都是电脑雕刻的，几乎没有办法分辩图案的真假。假币的包浆，现在也能做到非常逼真。唯独币的边齿，让制假者却步。我不知道制假者是采用什么方法制作假五分铜币的，但凡收藏市场出现的假币，边齿都是整齐的，即全边齿。所

图1　形状不一的五分铜币边齿

以，收藏者如果拿到全边齿的五分铜币，就得特别小心，需要认真鉴别。

由于全边齿的中华苏维埃共和国五分铜币非常之少，一般的收藏研究者会把这个事情忽略掉。我在研究撰写《红色货币——中华苏维埃共和国国家银行发行货币版别研究》一书时，也认为边齿对版式的区分没有什么参照价值而放弃了研究。到目前为止，还没有关于中华苏维埃共和国五分铜币边齿个数的公开资料。也就是说，目前还没有人知道中华苏维埃共和国五分铜币的边齿究竟有几个。

要真正数清楚五分铜币的边齿不是一件容易的事情，不像数圆珠和数马齿的个数，它们都在同一平面上，只要用照相机拍下图片，通过电脑放大后，或者打印在纸上，或者直接在电脑屏幕上数就行了。我曾经多次试图弄清楚中华苏维埃共和国五分铜币究竟有几个边齿，但由于齿边太小，要通过放大镜看才能看清楚，而铜币是圆的，一手拿放大镜，一手转动币，数不到几个就记不清楚了。多次往复无果，觉得太难了，只好放弃数边齿之事。

直到最近，我采用纸夹分点的方法（图2），终于把五分铜币边齿数清楚了。这个方法是，先把五分铜币用钱币纸夹固定，然后随意划出10个左右的分割线，用放大镜数清楚每一格分割线之间的齿数，数完后写在空格内，最后把空格内的数字相加起来。我用这种办法数过三个全齿边的五分铜币，一个是74圆珠连岛版币（图3），一个是73圆珠近岛版币（图4），还有一个是76圆珠中岛版币（图5）。结果让我很意外，三个不同版式的币，竟然都是128个边齿。这究竟是出于偶然的巧合，还是所有中华苏维埃共和国五分铜币的边齿就一定是128个，有待各位同仁继续探讨。

图2　纸夹分点法数边齿

图 3　正面为 74 圆珠连岛（背面谷穗 886 排列麦穗 776 排列，边齿 128 个）

图 4　正面为 73 圆珠近岛（背面谷穗 877 排列麦穗 677 排列，边齿 128 个）

图 5　正面为 76 圆珠中岛（背面谷穗 877 排列麦穗 677 排列，边齿 128 个）

五分铜币岛的区分

中华苏维埃共和国五分铜币正面的地图图案由两部分组成,即大陆图形和海南岛图形。从"岛"的概念上区分有无岛、远岛、中岛、近岛、连岛、套岛六种(图1)。

图1　六种岛图

在中国货币史上,错版现象经常可以看到,例如孙中山像开国纪念银币英文错版;1988年冬奥会滑雪纪念银币错把第15届写成第16届;第一套人民币部分贰拾元、贰佰元的"贰"字;第二、第三套人民币贰分、贰角、贰元的"贰"字,本来两横在"弋"字下面的却写到了上面,使用了几十年没人发现,听说最后还是一个小学生发现的,这位小学生报告中国人民银行后,中国人民银行还给他发了奖金,如此等等。中华苏维埃共和国五分铜币也有不少是错版。无岛版就是其中之一。在雕刻这个币的钢模时,雕刻师傅竟然把海南岛忘记雕刻上去了,因而产生了大名鼎鼎的无岛版,因为印制数量较少,红色货币收藏爱好者为拥有一枚中华苏维埃共和国五分铜币无岛版而感到自豪。

无岛版很容易区分,比较难区分的是远岛、中岛、近岛、连岛、套岛,常常有人会混淆这些版别。在理论上这六种岛一目了然,可在收藏实践过程中却并非如此,经常会面临难以确定此币是什么岛的情况。就近岛而言,有的近到离大陆图只有一条隔离线,成为近岛中的近岛。而有的又离大陆图有一毫米多。为收藏者更好地把握，本人现将远岛、中岛、近岛、连岛、套岛的基本特征和区别方法介绍如下。

远岛。目前发现，远岛的主要版式有两种，即75圆珠和76圆珠版式。这两种版式的差别不大，除圆珠多一个外，76圆珠版式的岛比较居中，而75圆珠版式的岛偏右边。他们的共同特征是：繁体"维"字的偏旁"纟"少第三笔一点，成了错字。"埃"字也是错字，少了第六笔一撇，其实在所有的中华苏维埃共和国五分铜币中的"埃"字都少这一撇。远岛版的"埃"字又与其他版式"埃"字不同，其他版式"埃"字的最后四笔是一个"天"字，而远岛版的"埃"字的"矢"字变成了两个字，上部一个"土"字，下部一个"八"字，而且"八"字的一撇特别长，几乎与"共"字的最后一笔相连（图2）。远岛版的"共"字也非常特别，"共"字正确写法第五笔应该是一撇，可在这里却变成了一提（图2）。这三个特征是最明显的，判断是否远岛版，如果对岛的远近位置有疑问，参考上面三种特征对照便可以下结论，除此之外就不是远岛版。

图2　远岛"埃"字、"共"字

中岛。中岛版的岛因为夹在远岛与近岛的中间，也有的人觉得很难区分，其实也不难。目前发现中岛一共有三种。第一种（图3）是瘦形楷体字版，这种版式币的正面又有两种细微的差别，但不知道什么原因，都非常稀少。瘦形楷体字版还有两大特征，"国"字第二笔竖过头；繁体"当"字的"口"呈三角形。第二种（图4）的特征是

图3　第一种中岛　　　　　　　　图4　第二种中岛

"维"字右边的一点变成了一短横，并且与竖粘连在一起；"和"字多一横；地图东面线外侧有一个凸起的三角形点。上述两种中岛版都是76个圆珠。第三种（图5）比较难区分，这种币是72个圆珠，正面122个马齿，岛偏右边。这种币很容易与73个圆珠的一种近岛版混淆，关键看圆珠个数。

图5　第三种中岛

近岛。顾名思义近岛就是岛与大陆图靠得很近，有的图案就一线之隔。近岛与中岛的区分，可以用排除法进行确认，不符合中岛三种版式的就是近岛。近岛与连岛的区分，是看岛与大陆图有没有粘在一起，没有粘在一起的就是近岛。

连岛。岛与大陆粘连在一起的图形，这种版式比较容易区分。

套岛。大陆图下方的尖角插入了海南岛图的内圈。有插入的是套岛，在海南岛图圆圈上方内壁没有小尖角的就是连岛。这里提醒一下收藏者，有些大陆图尖角插入海南岛图的内圈很小（图6），要辨认清楚，其要点就是看海南岛图的内圈上方有没有突出的图案，只要有一点点，就是套岛，反之就是连岛。

图6　套岛

这六种岛别中的中岛与近岛图案还会因为钢模使用时间长短而发生变化。刚开始印制的铜币因为钢模的线条比较细，看起来岛离大陆图比较远一些，钢模使用久了，线条就会显得比较粗，看起来大陆图比较近一些。有些近岛版由于岛与大陆图只有一线之隔，钢模使用久了，这个一条线（从钢模角度看）就被磨平了，印制出来的币也就成连岛版了。所以对于中岛、近岛与连岛版别的区分还要综合考虑各个方面的情况，才能作出比较准确的判断。

要收集齐这六种岛别的币并非容易，最难找到的是无岛，其次是中岛，再次是远岛，第四是近岛，连岛和套岛是最多的。我随机抽样了1 000个图片，结果发现无岛有5个，占0.5%；中岛20个，占2%；远岛35个，占3.5%；近岛103个，占10.3%；连岛345个，占34.5%；套岛470个，占47%；还有22个因为图案模糊不清无法区分。

五分铜币上的小圆点

中华苏维埃共和国国家银行运用极其简陋的机器设备制作完成了五分铜币,在苏区范围内流通,为稳定和繁荣苏区的经济建设、改善群众生活、支援革命战争起到了极其重要的作用。

研究发现,不少铜币的正面、背面有不少小圆点,我们先来看看下面这个非常特殊的币:

图1 特殊的币

图1这个币,正面是小套岛,"式"字点对"国"字,短锤。背面左边22谷粒877排列,右边20麦粒677排列,"分"字的"刀"内有点,右上结带三角形未封口,右上方有个月芽,叫"月芽版"。

正面放大以后认真观察(图2),"中"字不但头上有个小圆点,"口"字框内左边还有一个小圆点;"共"字右上方有个小圆点;"圆"字左边下方有一个小圆点。围绕珠圈

图2 放大后的币

有 3 处存在多个小圆点（图 3），即"国"字下方 10 点处（时钟位置，下同）。珠圈外有 2 个小圆点，珠圈内 4 个小圆点；圆字上方珠圈外 8 点处有 2 个小圆点；地图右上方珠圈内 2 点处有 2 个小圆点。

背面小圆点比较少，只有五角星上方一个小圆点（图 4）。这个币正面和背面共有 16 个小圆点，是五分铜币中有最多小圆点的一种币。

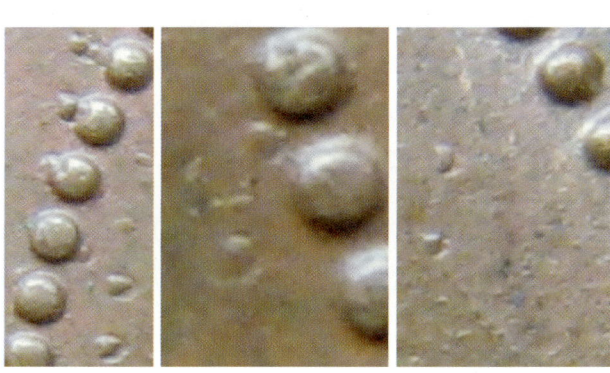
图 3 珠圈 3 处存在多个小圆点

图 4 背面小圆点

当然，这个币非常特殊，属于极其少见的情况。大多数这种版式币的正面只有"中"字头上有个小圆点和"圆"字左边下方有 1 个小圆点，背面只有五角星上方 1 个小圆点，共 3 个小圆点。

除了上述币的正面与背面三个位置存在小圆点，中华苏维埃共和国五分铜币正面存在小圆点还有如下几种情况。

图 5-1 左边图"维"字绞丝旁下方有多个小圆点；中间图"维"字左边有个小圆点；右边图"维"字上方的马齿内有个小圆点。

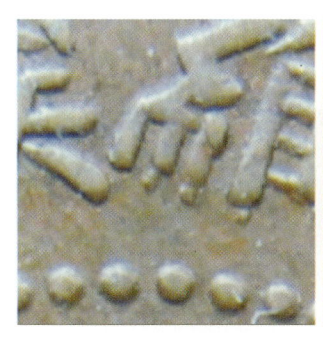
"维"字下方点

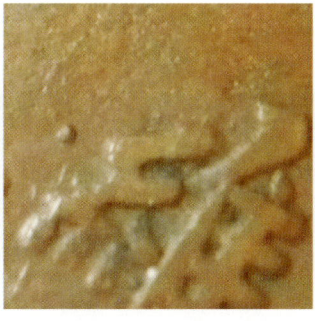
"维"字左边点

"维"字上方马齿内点

图 5-1 正面小圆点分布图 1

图 5-2 左边"共"字右上方有个小圆点；中间"国"字右上方有个小圆点；右边地图右边有个小圆点。

"共"字右上方点　　　　　　"国"字右上方点　　　　　　地图右边点

图 5-2　正面小圆点分布图 2

图 5-3 左边"圆"字左边有 2 个小圆点；中间铁锤下方，即币的中心有个大圆点，这个位置不少币有小圆点，有的非常小，不注意发现不了；右边铁锤右边有 2 个小圆点。

"圆"字左边 2 点　　　　　　中心大点　　　　　　铁锤右边 2 小点

图 5-3　正面小圆点分布图 3

图 5-4 左边"币"字左上方有个小圆点；中间"币"字右边有个小圆点（三角当长脚国字版币）；右边正面马齿 9 点处有个小圆点。

"币"字左上点　　　　　　"币"字右边点　　　　　　马齿点

图 5-4　正面小圆点分布图 4

我们再来看看五分铜币背面小圆点的分布情况：

图 6-1 左边"分"字上方有个小圆点；中间"分"字的"刀"内有个小圆点；右边"五"字与"分"字中间有个大圆点，这个位置不少币有小圆点，有的非常小，不注意发现不了。

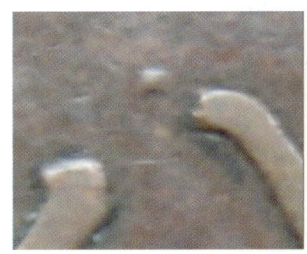 

"分"字头上点　　　　"分"字"刀"内点　　　　大中心点

图 6-1　背面小圆点分布图 1

图 6-2 左边左下结带下方有个小圆点；中间的结芯有多个小圆点；右边右上结带上方有个小圆点。

左下结带点　　　　结芯多圆点　　　　右上结带点

图 6-2　背面小圆点分布图 2

图 6-3 左边结带下方马齿处有 3 个呈一字形的小圆点；中间结带下方马齿处有 3 个呈三角形的小圆点；右边结带下方有 2 个小圆点。

马齿边 3 点　　　　结带下 3 点　　　　结带下 2 点

图 6-3　背面小圆点分布图 3

中华苏维埃共和国五分铜币的中心小圆点非常值得探讨，即正面或者背面的中心，许多币有大小不等、形状不一、位置不同的小圆点。

（1）正面有小圆点，背面没有小圆点。

图 7 是图谱 83 币的正、背面，正面中心点特别大。

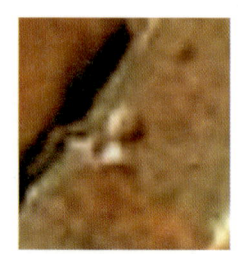

图 7　图谱 83 币正、背面

图 8 是图谱 145 币的正、背面，正面中心点比图 7 小，位置离铁锤柄也比较远。

图 8　图谱 145 币正、背面

图 9 是图谱 132 币的正、背面，正面中心点比图 8 的点更小，位置离铁锤柄比较近。

图 9　图谱 132 币正、背面

正面中心有小圆点,背面没有小圆点的五分铜币就只有这 3 种。

(2) 正面没有小圆点,背面有小圆点。

图 10 是图谱 93 币的正、背面,背面中心点特别大。

图 10　图谱 93 币正、背面

图 11 是图谱 03 币的正、背面,背面中心点比较小。

图 11　图谱 03 币正、背面

图 12 是图谱 24 币的正、背面,背面中心点非常小。

图 12　图谱 24 币正、背面

图13是图谱56币的正、背面，背面中心点也非常小。

图13　图谱56币正、背面

图14是图谱63币的正、背面，背面中心点不但非常小，而且离"五分"的捺比较远。

图14　图谱63币正、背面

图15是图谱69币的正、背面，背面中心点稍微大一点。

图15　图谱69币正、背面

图 16 是图谱 70 币的正、背面，背面中心点也很小。

图 16　图谱 70 币正、背面

图 17 是图谱 91 币的正、背面，背面中心点也很小。

图 17　图谱 91 币正、背面

图 18 是图谱 112 币的正、背面，背面中心点稍微大一点点。

图 18　图谱 112 币正、背面

图 19 是图谱 125 币的正、背面,背面中心点稍微大一点,离"分"字的捺比较近。

图 19　图谱 125 币正、背面

图 20 是图谱 115 币的正、背面,背面中心点很特殊,像个"O"。

图 20　图谱 115 币正、背面

图 21 是图谱 161 币的正、背面,背面中心点也很特殊,竟然在"分"字捺的上方。

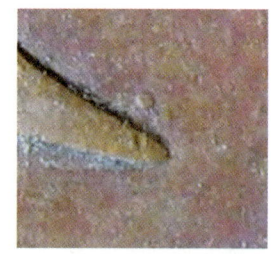

图 21　图谱 161 币正、背面

五分铜币正面没有小圆点,背面有小圆点的情况就这 12 种,只有一种中心小圆点是在"分"字捺上方的,其余都在"分"字捺的下方。

(3)正面、背面中心都有小圆点。

图 22 是图谱 19 币,正面和背面都有小圆点。

图 22　图谱 19 币正、背面

图 23 是图谱 145 币,也是正面和背面都有小圆点,正面小圆点离铁锤柄较近。

图 23　图谱 145 币正、背面

图 24 是图谱 144 币,也是正面和背面都有小圆点,正面小圆点也离铁锤柄较近。

图 24　图谱 144 币正、背面

图 25 是图谱 43 币，也是正面和背面都有小圆点，且背面很特殊，有两个小圆点。

图 25　图谱 43 币正、背面

图 26 是图谱 82 币，也是正面和背面都有小圆点，且背面也很特殊，小圆点变形为小月芽，钱币收藏界称之为"日月版"。

图 26　图谱 82 币正、背面

正面和背面都有小圆点的铜币只有这 5 种。

中华苏维埃共和国五分铜币小圆点的基本特征有如下 6 个方面：

一是绝大部分币中的小圆点只有一两个；二是小圆点主要集中在正面"中"字上方和"国"字右上方，背面五角星上方和结带下方；三是正面或者背面中心位置的小圆点大部分比较小，比较不容易发现；四是正、背面小圆点很少同时存在，一般只有一面有小圆点；五是同一版式的币中有些有小圆点，有些则没有，可能是由于印花过程中压力不够；六是个别币的小圆点属于特殊情况，同版式币中找不到，产生原因不明确。

中华苏维埃共和国五分铜币是在特殊情况下手工印花完成的。雕刻钢模的师傅们为什么要敲上这么多小圆点？而这些小圆点的分布并没有固定的规律，这是一个非常值得研究的问题。不少钱币研究学者认为，这种小圆点实际上是机制币的防伪标志，即通常所说的"暗记"。这些暗记之所以位置不同、大小有别，可能是雕刻师个人落款的一种代号。

也有学者认为，这些小圆点是一种暗记，这种暗记是随意雕刻的，当时没有严格的统一要求。

还有学者认为，小圆点肯定是一种暗记，本来位置是有严格规定的，但雕刻师文化水平比较低，执行规定的自觉性不到位，所以造成有的有小圆点，有的没有小圆点，有的小圆点在左边，有的在右边，有的在上方，有的在下方。

究竟哪一种观点是正确的，或者还有他论，期待喜欢机制币收藏研究的同仁们赐教！

五分铜币上的错别字

中华苏维埃共和国国家银行铜币的发行时间是 1934 年 2 月 5 日，比纸币发行时间迟了 1 年 7 个月。此事以前没有引起钱币学界的关注，所能找到的教科书中关于国家银行铜币发行时间问题，都误认为与纸币是同一时间，即 1932 年 7 月。所有钱币评级机构，包括世界著名钱币评级机构，对于中华苏维埃共和国铜币发行时间，全部都错误标注为"1932 年"。我曾经在《中国钱币》2018 年第 1 期发表了题为《关于中华苏维埃共和国五分铜币的三个问题》一文，对中华苏维埃共和国国家银行发行铜币的时间，第一次进行了正本清源，赢得钱币学界的高度赞誉。

中华苏维埃共和国五分铜币正面上方书"中華蘇維埃共和國"8 个字，下方书"每式拾枚当國幣壹圓"9 个字，两边各饰一个五角星，外缘饰马齿一圈，往内是圆珠一圈，圆珠圈内有当时的中国地图，包括大陆和海南岛（极少数没有海南岛）两部分，大陆图内中间有锤子和镰刀组成的中国共产党党徽。背面边缘一圈是马齿，往内由谷穗和麦穗环抱横写"五分"两个大字，上方饰五角星，下方饰花结。币侧面还有直线边齿，也有许多币没有边齿。在总共 19 个字之中，研究发现出错比较多的是"苏""维""埃""国""当"5 个字。其中"贰"字写成"式"字，与整个币繁体字的书法方式不配套。另外，"国"字在币中没有一个是正确的，全部都是框内"或"字右上方少掉一个点，甚至有的"或"字的斜钩上方都没有超过横，有人称之为无点无头"国"字。

"苏"字在币中使用的是繁体字，大部分书写是正确的，只有少数错字，如："四点苏"字版（图 1-1），这个字不但"田"字下方多一个小圆点，"田"字上方的"刀"部首也只有一撇；"五点苏"字版（图 1-2），即"田"字下方多出两个小圆点。

图 1-1　四点苏　　　　图 1-2　五点苏

"维"字本来应该有十四画，出错比较多的是这个字的"纟"旁的写法。

（1）"圭"字"维"字版（图2-1），即"维"字只有十二画，少了两个点，"纟"旁下方左边的点呈三角形，"维"字右边是一个"圭"字。

（2）少点"维"字版（图2-2），即"维"字十三画，"纟"旁中间少了一个点。

（3）无横"维"字版（图2-3），即第二画少一横。

（4）四点"圭"字版（图2-4），即"纟"旁正确，但"维"字右边是一个"圭"字。

（5）出头"维"字版（图2-5），即"维"字最后一竖在下方出头了。

（6）五横"维"字版（图2-6），即"维"字右边的点变成了一短横，且竖又是连接的。

（7）多点"维"字版（图2-7），即"维"字上方多一条短竖线。

（8）九点"维"字版（图2-8），即在"纟"字下方多一个点，下方又多3个点。

图2-1 "圭"字"维"　　图2-2 少点"维"　　图2-3 无横"维"　　图2-4 四点"圭"

图2-5 出头"维"　　图2-6 五横"维"　　图2-7 多点"维"　　图2-8 九点"维"

"埃"字不但全部都少了第六笔那一撇，而且"矢"字全部都写成"天"字。在远岛版的"埃"字书写中，不但少了第六笔那一撇，而且"矢"字写成上下结构的"土、八"两个字（图3-1和图3-2）。

图3-1 "天"字"埃"　　　　图3-2 "土八""埃"

"当"字在币中有四种错误写法。

一是上连口"当"字版（图4-1），即"口"的上横与宝盖头的横重合，等于少了一横。

二是下连口"当"字版（图4-2），即"口"的下横与宝盖头的横重合，等于少了一横。

三是"由"字"当"字版（图4-3），即把"田"字写成了"由"字。

四是三角"当"字版（图4-4），即把"口"字写成三角形。

五是"曰"字"当"字版（图4-5），即把"口"字写成了"曰"字。

图4-1 上连口"当"　　图4-2 下连口"当"　　图4-3 "由"字"当"　　图4-4 三角"当"　　图4-5 "曰"字"当"

五分铜币背面只有"五分"两个字，"五"字没有发现什么版式错误写法，出错比较多的是"分"字。"分"字由"八"与"刀"两个字上下结构组成。上方的"八"字作为中文楷体的"入"字，是没有问题的。但下方的"刀"字却五花八门，主要错字如下（图5-1至图5-8）。

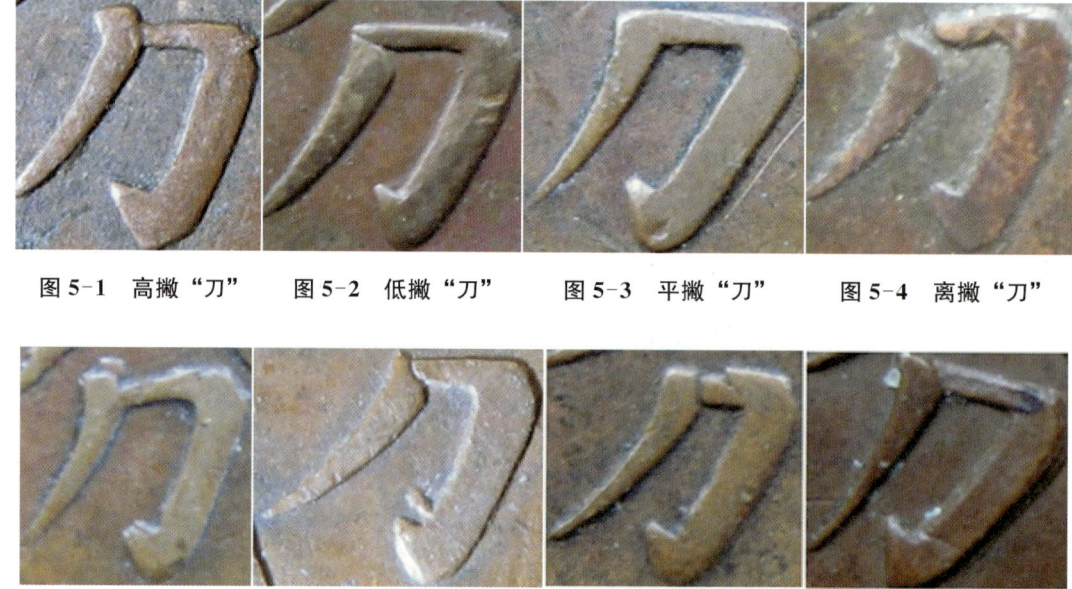

图5-1 高撇"刀"　　图5-2 低撇"刀"　　图5-3 平撇"刀"　　图5-4 离撇"刀"

图5-5 上点"刀"　　图5-6 内点"刀"　　图5-7 断笔"刀"　　图5-8 立体"刀"

（1）高撇"刀"字版，即"刀"字的一撇高于一横。

（2）低撇"刀"字版，即"刀"字的一撇在横的下方。

（3）平撇"刀"字版，即"刀"字的撇与横连为一体。

（4）离撇"刀"字版，即"刀"字的一撇与第二笔横折弯钩分离。

（5）上点"刀"字版，即"刀"字一撇的头上多一个点。

（6）内点"刀"字版，即"刀"字弯钩之内有个点。

（7）断笔"刀"字版，即一横左细右粗像断笔。

（8）立体"刀"字版，即撇的头部与横相接之处一高一低，使"刀"字具有立体感。

上述的"刀"字全部都是撇与横折钩的左边平齐。正确的"刀"字应该撇在横的下方，且离横的左边有大约四分之一。

还有：

（1）多横"和"字版（图6-1），即"和"字的"口"上方多一横，也有人称之为"日字版"。

（2）提撇"共"字版（图6-2），即"共"字第五笔的撇写成往上提的笔画。

（3）无横"贝"字版（图6-3），即"圆"字里面"贝"字的第五笔一横缺少了。

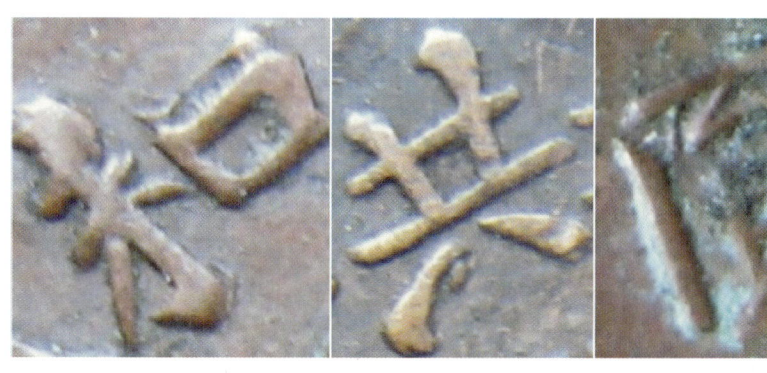

图6-1 多横"和"　　　图6-2 提撇"共"　　　图6-3 无横"贝"

除此之外，还有不少缺胳膊少腿，或者画蛇添足的字。如80圆珠版的繁体字"币"，其"巾"字里面就多了一竖。有一种远岛版的"币"字左上方就多了一个点。等等。

上述说明中华苏维埃共和国五分铜币中存在的错字，还是比较明显的字。其实一些比较微小的差别还有不少。例如"维"字，文中只列举8种不同的错字，也曾经发现比较明显的有24种。实际上根据五分铜币原钢模版式研究分析，其正面原钢模版式至少有47种。那个时候，雕刻钢模是手工操作，尽管有设计图案作为标准，但在实际操作中，雕刻师傅是一锤一凿敲打出来的，同样一个字，只能用"很像"来形容，而不能说是"完全一样"。也就是说"维"字有可能找到47种不同的差异。

为什么中华苏维埃共和国五分铜币存在这么多错字，原因是多方面的，有书法不同使用的变体字，有客观过错行为，也有主观故意行为。

不少的错字可能是主观故意而为，即故意写错，作为一种防伪标志。《中国钱币》1986年第1期刊登了福建张建新采访中华苏维埃共和国国家银行货币设计者黄亚光的文章——《黄亚光同志谈中华苏维埃共和国国家银行货币设计》，其中谈到中华苏维埃共和国国家银行纸币下端，是否为国家银行行长毛泽民和财政人民委员邓子恢两位同志的英文签名。黄亚光告诉张建新，纸币上的签名是代表他们俩，但它既不是英文，也不是汉语拼音，是一种特殊的暗号，是为了防止敌人伪造"苏币"特制的。这种暗号不仅在文字中有，在图案中也有，当时只有银行和保卫部同志知道。像壹元纸币正面上方的行名"中华苏维埃共和国国家银行"几个字，第一个"国"字是正确的，第二个"国"字却在"或"字右上方少了一个点；银行的"银"字，繁体"金"字旁的一竖，在上方出头了；正面主图中的繁体"壹"字，不但第三笔比第一笔长，而且第二笔竖在下方出头，弄成一个错字。这些错误，很可能是有意这样做的，作为一种暗记。那时候没有电脑技术，使用人工手段复制纸币、银币或者铜币，总是不可能"完全一样"，暗记的使用对防止伪造起到了十分重要的作用。

五分铜币的"分"字

"分"字怎么写？怎样才算正确的？这么一个非常简单的问题，连幼儿园学生都清楚的问题，却在钱币中的文字给弄糊涂了。

钱币文字本来是非常严肃的。在古代，制作钱币首先要制作雕母，由设计师把需要制作的钱币设计成图稿；相关部门同意后，由雕刻师按照设计师的图稿，用精铜雕刻成样品，也就是钱币界所说的"雕母"；"雕母"做好了，要呈送给最高决策者（一般是皇帝）审批；审批同意后，拿回铸钱主管部门制作"母钱"；将"母钱"发送给各铸钱局铸造钱币。

在现代机制币制作过程中，一般是由钱币主管部门让设计师把需要制作的钱币设计成图稿；由雕刻师按照设计师的图稿，用硬度高的钢材雕刻成钢模；用雕刻好的钢模印制样币（不少是使用黄金的），将样币呈送给最高决策者（一般是总统或者主席）审批；审批同意后，由专门的钱币制造工厂根据样币雕刻钢模，印制钱币。

看看，多么严格，程序多么复杂！先是由下到上的审查，再是由上到下的监督，层层把关。

然而，尽管如此严格，错误之币仍然层出不穷。古钱有之，机制币有之，纸币也有之。像"袁大头"就有"缺口造""连口造""断笔民""7点年""T点年"等等。连近几年的"泰山币"，也有"无梯版""双梯版""S版""连云版"。现代制币，都是电子雕刻，怎么还有这么多差别，简直让人不可思议。

我的研究对象是中华苏维埃共和国国家银行发行的货币。中华苏维埃共和国货币，是中国共产党建立人民政权之后，由国家央行发行的货币。也就是我们现在使用的人民币的老祖宗，是红色政权发行的第一套货币。这套货币的发行，凝聚了老一辈革命家的心血，开创了红色政权发行货币历史的新纪元，具有巨大和深远的历史意义。

去江西省瑞金市参观过苏维埃中央印刷厂、中央造币厂的人就知道，设备是那么简陋，条件是那么艰苦，技术是那么落后。造币工人怀着的是一个翻身求身解放的迫切愿望，凭着一股创造新世界的满腔热血，土法上马，边干边学，创造出令世人刮目相看的红色货币。这种货币，带着她的红色基因，从一个只有5个人组成的20万资本金的世界上最小的央行，发展成为全世界最大的央行之一。

中华苏维埃共和国发行的货币，有纸币、银币和铜币三种。纸币和银币较早，于1932年7月发行。纸币有壹元、伍角、贰角、壹角、伍分五种。银币只有贰角一种（有1932年和1933年的区别）。铜币稍晚点，于1934年2月发行，有五分和一分两种。从 1934 年 2 月开始发行到 1934 年 10 月主力红军长征结束，总共发行时间只有 8 个月。

据资料记载，当时由于国民党的军事进攻和经济封锁，用于中华苏维埃共和国铜币雕刻模具的钢材质量很差。一个钢模好的能用两三天，差的用不到一天就坏。造币厂组织三个雕刻钢模的师傅，日夜加班。由此，五分铜币的印制使用了非常多的钢模。当时雕刻钢模虽然有统一设计的图纸，但由于雕刻时间紧迫，加之雕刻师傅文化水平不高，所雕刻出来的钢模出入较大。钢模不同，所印制币的花纹图案也不同。看看图 1 的"分"字，一个高一个低；一个"入"字头，一个"八"字头。再看看图 2 的地图形状，左边的很瘦小，近似于三角形；而右边的却比较饱满圆胖。

图 1　"分"字

图 2　地图

抛开其他的不说，我们专门来说说"分"字有什么不同。

打开电脑，可以看到人们常用的华文楷体、宋体、仿宋体三种字体（图 3）。各种出版物用得最多的是宋体字。这三种字体中，华文楷体的"分"字上部是"入"字，其他两种是"八"字。"分"字之中的"刀"写法是一致的，即撇在横的下方，且相连在横的左边三分之一处。

华文楷体　　　　宋体　　　　仿宋体

图3　华文楷体、宋体、仿宋体的"分"字

在中华苏维埃共和国国家银行发行的五分铜币中,其背面只有"五分"两个字。写法比较多的是"分"字,"分"字的写法是五花八门的。见图4。

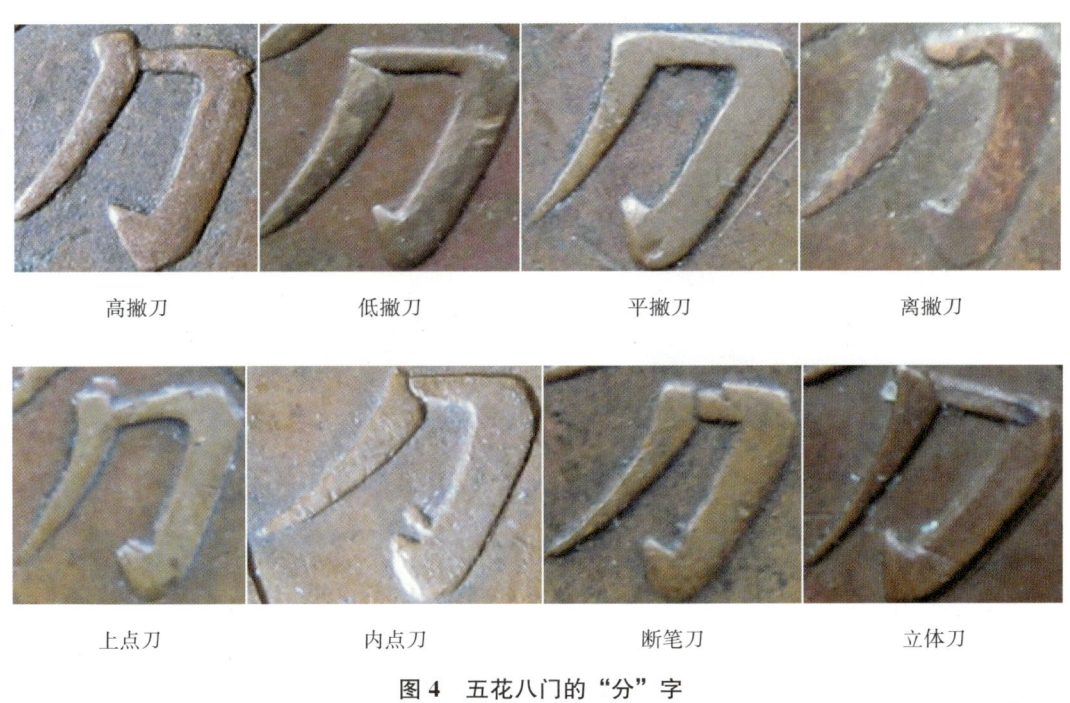

高撇刀　　　　低撇刀　　　　平撇刀　　　　离撇刀

上点刀　　　　内点刀　　　　断笔刀　　　　立体刀

图4　五花八门的"分"字

（1）"高撇刀"字版,即"刀"字的一撇高于一横。

（2）"低撇刀"字版,即"刀"字的一撇在横的下方。

（3）"平撇刀"字版,即"刀"字的撇与横连为一体。

（4）"离撇刀"字版,即"刀"字的一撇与第二笔横折弯钩分离。

（5）"上点刀"字版,即"刀"字一撇的头上多一个点。

（6）"内点刀"字版,即"刀"字弯钩之内有个点。

（7）"断笔刀"字版,即一横左细右粗像断笔。

（8）"立体刀"字版,即撇的头部与横相接之处一高一低,使"刀"字具有立体感。

从图片看,上述的"刀"字有个最主要的特点,全部都是撇与横折钩的左边平齐的。其实,五分铜币中的"分"字形态更是五花八门,有宽大肥胖的"分"字,也有窄小瘦弱的"分"字;有的"刀"字的撇往外面张开,有的"刀"字的撇往里面夹挤;有的"八"与"刀"上下距离较长,有的"八"与"刀"上下距离较短;有向左边歪的,有向右边斜的,等等。

"分"字正确的写法在上面图3已经介绍清楚了,其上部,不论是"入"字还是"八"字,都是属于正确的。但下半部分的"刀"字,撇应该在横的下方,且相连在横的左边三分之一处。由此看来,图4所列的"刀"字都是错误的。

那么,在五分铜币中究竟有没有一种版式的币,"分"字的写法是正确的呢?

2019年的最后一天晚上,我参加了一个微信拍卖,成功拍卖一个五分铜币,价格之高令在场的人瞠目结舌。纷纷打电话、发微信来询问:"为什么这么高的价格还要买?"

我们来看看这个币(图5):

图5　拍卖币正、反面

这个币粗略看很普通,正面是一个中岛版式,76圆珠,123马齿。这种中岛版式有两个明显的特征:"和"字的"口"多一横;地图右边有个三角点(图6)。

币的背面左边22谷粒877排列,右边20麦粒677排列,圆花结,左边三条穗杆,下方有3个小点(图7),111马齿。

图6　拍卖币细节"和"字、地图　　　　　　图7　拍卖币细节圆花结

认真细看，这个"圆花结版"与其他的不同（图8）。过去我们所看到的"圆花结版"的花结，其左边连着的是4条稻杆线条（图8左边），而这个币的花结左边连着的是3条稻杆线条（图8右边）。且结芯的图案也有些区别，图8左边的比较漂亮和清晰，图8右边的比较模糊。

过去确认的圆花结　　　　　　新发现的圆花结
左边是四条谷杆线　　　　　　左边是三条谷杆线

图8　对比图

再来看看这个币的"分"字（图9）。这个"分"字上部撇比捺低，是华文楷体的写法；下部"刀"字，撇在横之下且离横的左端大约有四分之一的距离。这种"分"字的写法是符合华文楷体书法的，是正确的。在167个原钢模版式币中，这是唯一一种"分"字写法正确的，极为珍贵。

图9　铜币的"分"字

五分铜币的"式"字

中华苏维埃共和国五分铜币，正面图案（图1）上方书国家名称"中華蘇維埃共和國"8个字，左右两边各有一个五角星，下方书兑换说明"每式拾枚當國幣壹圓"9个字。往里是珠圈，珠圈里有当时的中国地形图。地图内是镰刀铁锤交叉的党徽图案。纵观这17个文字，華、蘇、維、國、拾、當、國、幣、壹、圓10个是繁体字。奇怪的是唯独一个"式"字非常特别。

这个"式"字不但特别，还非常神奇，它右上方的点千奇百态。从图1可以看出这个币是76圆珠，近岛，六点"维""曰"字繁体"當"字，"式"字点指的方向是兑换说明的"壹"字。其实，除了这种版式，还有不少版式币的"式"字写法特殊。

图1　铜币正面图

图2的"当"字上方有两个圆珠粘连在一起，叫"下连珠版"。这个版式币"式"字点指的方向是左边五角星。

图2　78圆珠，连岛

图3的"弍"字点指的方向是"国"字。

图3　75圆珠，连岛

图4是上连口"当"字版，"弍"字点指的方向是"共"字。

图4　67圆珠，套岛

图5的"弍"字点指的方向是"苏"字。

图5　72圆珠，小套岛

图6的"式"字点指的方向是"中"字。

图6　72圆珠，大套岛

图7是"由"字"当"版，"式"字点指的方向是右边五角星。

图7　76圆珠，连岛

图8的"式"字是直角形的不规则点。

图8　72圆珠，无岛

图9是高"币"字版,"式"字是短号式的不规则点。

 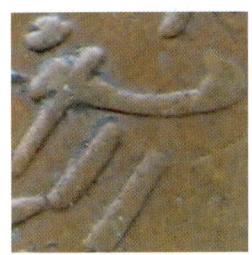

图9 74圆珠,近岛

图10是歪"田"字版,"式"字是椭圆形的点。

图10 74圆珠,连岛

图11的"式"字是圆形的点。

图11 76圆珠,远岛

图12的"式"字是开叉的点。

图12　67圆珠，连岛

上述可以看出，中华苏维埃共和国五分铜币的"式"字，对于不同版式的区分有非常重要作用。区分五分铜币正面版式，我归纳了一个口诀，用"数珠、看岛、观'式'字"7个字来概括。也就是说，当你拿到一个五分铜币，想要弄清楚是什么版式，首先就是数清楚究竟有多少个圆珠，然后分清是什么岛，再看看"式"字点所指的方向，就非常容易分清了。

我们来看看图13与图14币。这两个币都是77圆珠，小套岛，不管从地图形状、镰刀铁锤形状，还是两边的五角星，字体的排列形状，都没有多大的区别，非常容易误认为是同一种版式。但只要一看"式"字点所指的方向，图13币"式"字点指向的是"国"字，而图14币"式"字点指向的是"维"字，就能非常清楚这是两种不同的版式。

图13　"式"字指向"国"字　　　　图14　"式"字指向"维"字

再看看图15与图16两个币。在没有放大设备的情况下，仅凭肉眼比较难数清楚圆珠的个数。在收藏品交易市场挑选，主要靠熟记各种版式的主要特征。图15币是75圆珠，套岛，左边地图线弯曲比较小，是一种存世量非常稀少的珍贵品种。这个版式币最大的特征是"国"字的上横与"币"字反文旁的横平齐（图17）。这种"国"字的上横与币字反文旁的横平齐版式的币，在已知的167个版式币中是非常少见的，绝大多数"币"字反文旁的横都低于"国"字的横。但图15这个币的版式很容易与图16币混淆（图16币是普通品种，存世量比较多），因为图16币"国"字的上横与"币"字反文旁的横也是平齐的。图16币虽然比图15币多一个圆珠，但在一般情况下分不清楚。凭肉眼观察，区分是图15币还是图16币，主要看"式"字的点。图15币"式"字点指向"中"字，而图16币"式"字点指向"埃"字。

图15　珍贵品种币　　　　　　　　　图16　普通品种币

图17　"国"字的上横与"币"字反文旁的横平齐

对于"式"字的点拥有如此多样写法，钱币研究爱好者各有说辞：有人认为一种式样代表某一个人雕刻的钢模，是雕刻师傅故意制作的暗记；有人认为这也是一种防伪措施；还有人认为这种现象是雕刻师傅不认真造成的，如此等等。笔者个人愚见，可能是因为繁体的"贰"字横的笔画太多，共有7笔。如果使用繁体"贰"字，仅仅横的笔画就有7横，上方要留一个点的位置，底下还要留撇与捺的位置。在这高度仅有3毫米的空间里，雕刻师要雕刻出相当于9至10条横线，是极其困难的，所以才使用了这个"式"字。

"式"字是一个非常古老的字，东汉的许慎《说文解字》收有此字，并注云："式，

古文。"意思是:"弍",是个古代的"二"字。

而"贰",本来是副(居于次要地位者)和益(增加)的意思。《周礼》"建其正,立其贰"就是设立一个正职,增立一个副职的意思。"贰"还有再、怀疑、背叛等引申义。

后来为了防止有些人在契约合同等文书中改动数字,("二"可以涂改为"三、五、十一")所以常将"二"写成"贰",就不容易涂改了。即朱骏声《说文通训定声》中所谓"后世官书数目以贰为之,为防奸易。"后来公文中写数目字时用"贰"代"二",是为了防备奸人改动。可见,"弍"即"二"字;而"贰"本不是"二"的意思,后来为防备坏人涂改数字,在记数字时用"贰"代替"二"字。

看着这个无比特殊的"弍"字,让人遐想万千。中华苏维埃共和国五分铜币的一个"弍"字已经穿越千年了,可以肯定,未来社会还会以她灿烂的光辉,照耀全人类实现共产主义的道路,再跨越千年,功铭万世!

五分铜币的"维"字

中国的书法艺术历史悠久,博大精深,是世界艺术殿堂里的一块瑰宝,其分类有篆书、隶书、草书、楷书、行书等。书法艺术由点、线组合构成千变万化的图像,凭借线条的流动,展现出书写者品格、修养,情感等特征,最为集中地体现了中华民族的审美意识,成为中国文化的独特灵魂。我曾经看过一本《万寿字典》,编辑者在努力收罗历代书法家字帖里"寿"字的各种写法,竟然达一万种之多,这恐怕是任何国家、任何民族、任何语言文字都不能及的。这种变化多端、神秘莫测的艺术,给中华民族文化带来无尽的乐趣。

钱币中的书法同样也有这种情况,在不同钱币之间有许许多多不同的字形字体,在我国古钱币中就已有篆书、隶书、草书、楷书、行书等。但现代中国钱币的书法比较固定,尤其是同一种钱币,字形字体基本一致。例如我国第一套人民币"中国人民银行"的行名,除了东北银行印制的1 000元券,其余的统一使用董必武同志的书法。第二套、第三套、第四套、第五套人民币"中国人民银行"的行名,统一使用马文蔚先生的书法。

中华苏维埃共和国国家银行发行的五分铜币,正面上方有"中華蘇維埃共和國"国名,下方有"每式拾枚當國幣壹圓"兑换说明,背面有面值"五分"两字。其中"华、苏、维、国、十、当、币、一、元"9个字都是繁体字。铜币的图案虽然都是统一设计,但由于当时雕刻钢模使用的钢材质量不好,钢模极容易损坏,苏维埃国家银行组织了三四个人不停地雕刻。手工雕刻虽有统一模板图案,但雕刻成品差错难免,变化最大的可能要算"维"字。繁体的"维"字总共有十四画。可中华苏维埃共和国五分铜币的"维"字却从十二画到十八画都有,笔画的大小、长短、左右歪斜、上翘下垂现象常常可见。这里列举比较明显的24种"维"字(按笔画由少到多排序),以供红色货币收藏爱好者欣赏。

图1,正面79圆珠,小套岛;背面左边22谷粒877排列,右边20麦粒677排列,

大头花结。"维"字只有十二画,少了两个点,"糹"旁下方左边的点呈三角形,"维"字右边是一个"圭"字。

图1　"维"-1

图2,正面73圆珠,近岛,地图线比较粗;背面左边22谷粒877排列,右边20麦粒677排列,方角花结。"维"字十三画,"糹"旁中间点与下方右边的点粘连在一起,形成反括号形状。

图2　"维"-2

图3,正面67圆珠,套岛;背面左边22谷粒877排列,右边20麦粒677排列,方角花结。"维"字十三画,"糹"旁中间少了一个点,"维"字右边上方的点是往上翘的。

图3　"维"-3

图4，正面78圆珠，两边五角星向右边歪，"埃"字下方两个珠连在一起，也叫"上连珠版"，104个马齿，连岛；背面左边22谷粒877排列，右边20麦粒677排列，106个马齿，方角花结。"维"字十三画，"纟"旁中间少了一个点，左边下方三个点与"纟"旁第二笔折横粘连在一起，"维"字中间一竖特别长。

图4 "维"-4

图5，正面79圆珠，珠圈9点处（时钟形状，下同）有一个圆珠粘连着小半个珠，也叫"左连珠版"，套岛；背面左边21谷粒876排列，右边20麦粒677排列，108个马齿，方角花结。"维"字十三画，中间一竖向左边歪斜。

图5 "维"-5

图6，正面73圆珠，连岛；背面左边22谷粒877排列，下方还有一个非常小的谷粒，右边21麦粒777排列，方角花结。"维"字十三画，"纟"旁中间少了一个点，下方三个点从左到右是由大到小排列的，很特别，"维"字右边上方的点也是往上翘的。

图7，正面75圆珠，105个马齿，小套岛，地图右上方角尖处多一条斜线，似鹰嘴，叫"鹰钩版"；背面左边22谷粒877排列，右边20麦粒677排列，104个马齿，方角花结。"维"字十三画，"纟"旁中间少了一个点，下方三个点大小不一，"维"字右边上方的点与一撇粘连在一起，四横笔像排笔字体，公正整齐。

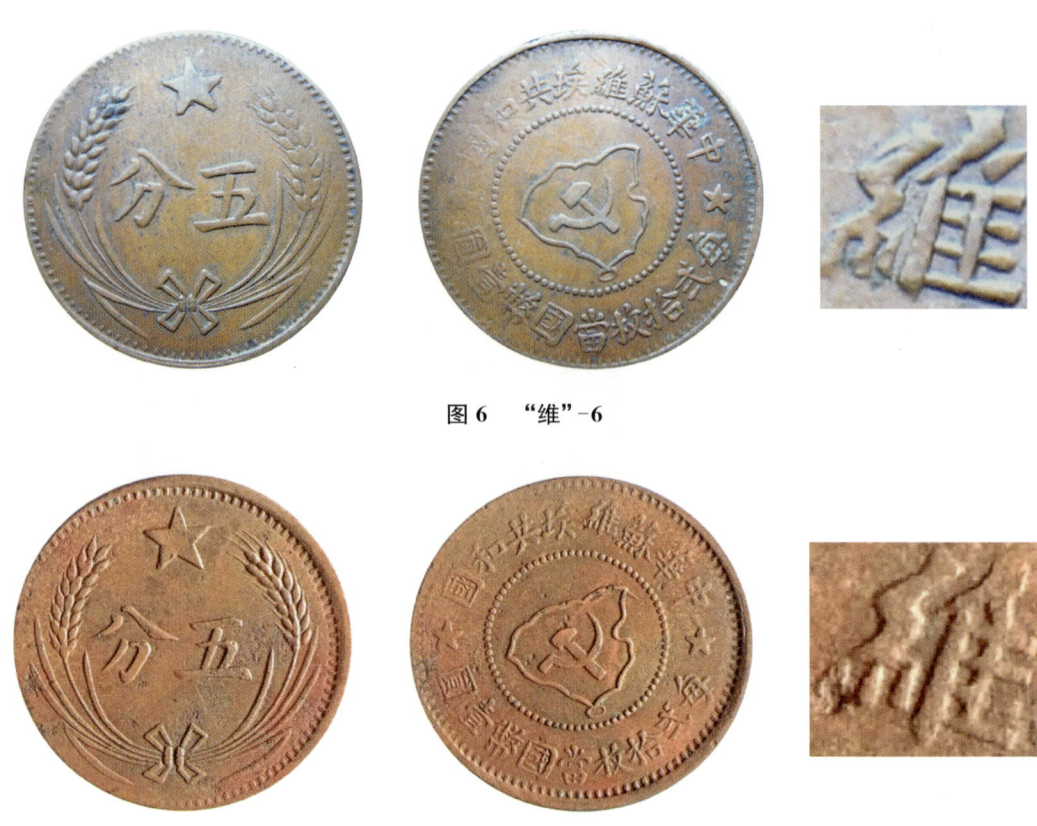

图 6 "维"-6

图 7 "维"-7

图8，正面76圆珠，圆珠大小悬殊较大，"共"字第五笔是往上提的，"埃"字的"矢"字变成了"土""八"两个字，远岛；背面左边22谷粒877排列，右边19麦粒667排列，方角花结。"维"字十三画，"糸"旁中间少了一个点，下方三个点比较圆，"维"字右边上方的点是一条短横。

图 8 "维"-8

图9，正面67圆珠，连岛；背面左边21谷粒777排列，右边21麦粒777排列，方角花结。"维"字十三画，与图6相似，但"糸"旁下方三个点比较圆。

图9 "维"-9

图10，正面78圆珠，镰刀在锤子上面，套岛；背面左边22谷粒877排列，右边20麦粒677排列，方角花结。"维"字十三画，右边是一个"圭"字。

图10 "维"-10

图11，正面79圆珠，套岛；背面左边22谷粒877排列，右边20麦粒677排列，大头花结。"维"字十四画，"糹"旁下方三个点为三角形，而且排列比较宽。

图11 "维"-11

图12，正面72圆珠，近岛，两边五角星向左边歪得比较明显；背面左边22谷粒877排列，右边20麦粒677排列，方角花结。"维"字十四画，"糹"旁下方三个点排列

比较紧凑,"维"字右边一竖特别粗大,且下方的竖出了一点点头。

图 12　"维"-12

图 13,正面 75 圆珠,连岛;背面左边 22 谷粒 877 排列,右边 20 麦粒 677 排列,方角花结。"维"字十四画,"糹"旁中间的点特别小,"维"字右边上方的点与一撇粘连在一起。

图 13　"维"-13

图 14,正面 76 圆珠,123 个马齿,中岛;背面左边 22 谷粒 877 排列,右边 20 麦粒 677 排列,119 个马齿,方角花结。"维"字十四画,"糹"旁中间点比较粗,"维"字右边上方的点变成一横,右边一竖上方竖出头且与点相连。

图 14　"维"-14

图 15，正面 78 圆珠，套岛；背面左边 22 谷粒 877 排列，右边 20 麦粒 677 排列，左边下方禾叶与边齿相连，方角花结。"维"字十四画，右边上方的点是上大下小的大头点，且与右边一竖相连。

图 15　"维"-15

图 16，正面 72 圆珠，小套岛；背面左边 22 谷粒 877 排列，右边 20 麦粒 677 排列，108 个马齿，方角花结。"维"字十四画，右边上方的点是个小三角形。

图 16　"维"-16

图 17，正面 71 圆珠，套岛；背面左边 22 谷粒 877 排列，右边 21 麦粒 777 排列，方角花结。"维"字十四画，"纟"旁中间是个上大下小的大头点，"维"字右边上方的点是往上翘的。

图 17　"维"-17

图 18，正面 73 圆珠，小套岛；背面左边 22 谷粒 877 排列，右边 20 麦粒 677 排列，大头花结。"维"字十四画，"维"字右边上方的点是椭圆形的。

图 18　"维"-18

图 19，正面 69 圆珠，套岛；背面左边 22 谷粒 877 排列，下方还有一个非常小的谷粒，右边 21 麦粒 777 排列，方角花结。"维"字十四画，与图 18 相似，但"纟"旁中间的点与下方右边这个点相粘连，"维"字右边上方的点是往上翘的。

图 19　"维"-19

图 20，正面 78 圆珠，珠圈 6 点处有两个圆珠粘连在一起，连岛；背面左边 22 谷粒 877 排列，下方还有一个非常小的谷粒，右边 21 麦粒 777 排列，方角花结。"维"字十四画，"纟"旁中间少了一个点，但"纟"旁下方左边多了一个小点，"维"字右边上方的点是圆形的。

图 20　"维"-20

图 21，正面 74 圆珠，105 个马齿，连岛；背面左边 22 谷粒 886 排列，右边 21 麦粒 777 排列，105 个马齿，方角花结。"维"字十四画，"纟"旁中间少了一个点，但"维"字上方多出了一个长条点。

图 21　"维"-21

图 22，正面 74 圆珠，近岛；背面左边 22 谷粒 877 排列，右边 20 麦粒 677 排列，方角花结。"维"字十五画，"纟"旁上方多了一个小圆点，下方三个点距离较远。

图 22　"维"-22

图 23，正面 77 圆珠，连岛；背面左边 22 谷粒 877 排列，右边 21 麦粒 677 排列，方角花结。"维"字十七画，"纟"旁中间点是个上大下小的大头点，下方多出了三个小点，"维"字右边上方的点是往上翘的。

图 23　"维"-23

图24，正面76圆珠，半岛版；背面左边22谷粒777排列，右边20麦粒677排列，方角花结。"维"字十八画，"纟"旁第一笔撇的下方多一个点，中间的点很小，下方多出了三个小点，"维"字中间一竖特别短。

图24 "维"-24

其实"维"字还可能找到比较细小的差别，在此不一一列举。

五分铜币的不同颜色

中华苏维埃共和国五分铜币究竟有几种颜色？目前还没有看到相关的评论及其文章。我也是出于好奇，在长达20年对这种币的跟踪收藏中，积累了一些资料，现与大家分享。

大多数中华苏维埃共和国五分铜币的颜色是紫铜色，浅一点的是普通铜器时间久了形成的包浆颜色（图1）。有些深一点的包浆会变成古铜色，比较黑一点。这是一般的颜色，收藏的人不会特别在意。

一次，我去一个姓吴的收藏爱好者那里，在翻阅他所收藏的钱币册时，看到一个钱币纸夹上标注了"黑牡丹"三个字。我好生奇怪地问他为什么取这样一个名字。他的解释让我茅塞顿开：这个币非常特殊，通体都是黑色包浆（图2）。我拿出币用放大镜左看右看，从正面看到背面，再看到币的边沿，确实是乌黑乌黑的完整包浆，给人一种黑色的美感，让人爱不释手。过去我没有注意五分铜币的颜色问题，只是把注意力集中在不同版式的研究上。有了这次知识的增长，我对五分铜币研究的领域又增加了"颜色研究"这一项。

图1　浅一点的紫铜色包浆　　　　图2　黑色包浆

后来我发现，中华苏维埃共和国五分铜币除了上述紫铜色和黑色包浆，还有多种不同颜色的包浆。我们来看看实物图片。

青色包浆如图3所示。

黄色包浆如图4所示。

蓝色包浆如图5所示。

图 3　青色包浆　　　　　图 4　黄色包浆　　　　　图 5　蓝色包浆

红色包浆如图 6 所示。

上述不同颜色的币中，图 1 的紫铜色包浆币是最常见的，存世量最多；图 2 的黑色包浆币存世量不多，但容易见到，且这种黑色包浆深浅不同；图 3 的青色包浆币、图 4 的黄色包浆币、图 5 的蓝色包浆币、图 6 的红色包浆币都非常罕见。

这些不同颜色的包浆是怎样形成的？目前没有看到这方面的著述，钱币收藏界各有说辞：

图 6　红色包浆

有一种观点认为，这些颜色是制作铜胚的原材料，五分铜币由不同金属成分构成，经过长时间氧化造成不同颜色。例如，铜币收藏研究的专家段洪刚先生在其《铜元收藏与投资》（华龄出版社，2009 年版）一书中，就有提到铜币有"紫铜""红铜""黄铜""乌铜"等多种成分的币，这些币由于成分不同而呈现不同颜色。

也有一种观点认为，这些颜色并非原币自然形成的包浆，是由于币放在某种颜色中长期浸染而成的。

还有一种观点认为，这些颜色是有人用不同颜料故意染成的，哗众取宠。

苏区时期制作五分铜币的原材料是从老百姓那里收购来的，什么杂七杂八的铜都有，有些甚至还是红军战士在打扫战场时捡回来的子弹壳。造币厂在熔炼过程中，也不可能精挑细选各种不同铜质的原材料，造成不同批次不同成分的铜币是大概率的事件。经过几十年氧化，形成不同颜色也很正常。但上述这些币，是否由于原材料成分问题而形成的不同颜色，还是与原材料成分无关，被外在颜色染成的，非常值得探讨。

我对这些各种颜色的币，只知道其现象，还不了解其本质，希望有这方面研究知识的同仁赐教。

21 谷粒版

"锄禾日当午,汗滴禾下土。谁知盘中餐,粒粒皆辛苦。"这首朗朗上口的古诗,在中国妇孺皆知。对于种田的农民来说,都知道每一粒大米来之不易,是用辛勤的汗水换来的。我家原来也在农村,小时候,吃饭时不小心把饭粒掉到桌子上,父母都会叫我们捡起来吃,教育我们别浪费粮食。

然而,一颗谷粒或者说一粒大米能值多少钱呢?恐怕很少人去想过,也没有人会回答。因为在日常生活中,没有人会去注意多了一粒米还是少了一粒米,它们之间的差别实在是太细微了。但是,也有这么一个非常滑稽的故事:1949年解放战争进入决胜阶段,人民解放军以摧枯拉朽之势,横扫国民党反动军队,国民党的反动统治进入土崩瓦解状态。为了挽救危局,国民党政府滥发纸币。1948年12月,国民党新疆省政府令新疆商业银行改组为新疆省银行,发行新钞,面额越来越大,从三千万元、六千万元、六亿元、三十亿元券,到1949年5月发行六十亿元的银行券,创造了中国纸币面额之最。这枚中国历史上面额最大纸币,购买力却极其低下。有人研究并报道过:这张纸币票面上标明"折合金圆券一万元",而金圆券一万元在上海当时只能买77粒大米。反过来按照新疆省银行六十亿元的币折算一下,当时上海的大米是7 800万元一粒。这么贵的米粒,简直让人瞠目结舌。

在钱币图案中,一颗谷粒也有着一段非比寻常的故事。我们知道,中华苏维埃共和国五分铜币,其背面图案左边装饰了一枝谷穗,右边装饰了一枝麦穗。左边谷穗的谷粒有21粒、22粒、23粒三种,绝大部分是22颗谷粒,只有极少数是23颗谷粒和21颗谷粒的。2012年9月底,"钱币中国"网站的月拍大厅,推出了一个中华苏维埃共和国五分铜币拍品(图1)。资料显示:从2012年9月25日20点开始,跟拍的人蜂拥而至,几十个轮回你争我斗。竞争者在拍卖期间,还在网站留言栏互相攻击、大吵大骂。最终在10月3日8点22分落锤,落锤价是10 600元(不含佣金)人民币。竞争之激烈完全超乎人们的想象,简直是一场战争。一个无底价的拍品,按照一般人的估价,多也就值1 500元,怎么会追高到一万多元?不少红色货币收藏爱好者打电话跟我说"真想不通"。后来我上网查看了一下这个币,品相并不是特别漂亮,76圆珠,连岛,背面左边21颗谷粒,右边20颗麦粒。圆珠与岛的形状和其他图案都很普通,没有什么特别的,只是这个币的谷穗只有21颗谷粒,比绝大多数中华苏维埃共和国五分铜币少了一颗谷粒。就这一颗谷粒(这里指图案),使追寻者多付出了9 000多元的代价。

其实，在中华苏维埃共和国五分铜币中，虽然21颗谷粒图案的币不是很多，红色货币收藏爱好者也在努力收罗。"总量不多版式不少"的这种币目前发现有以下七种：

图1这个币（图谱90币），正面76圆珠，连岛。背面104马齿，左边21颗谷粒（777排列），右边20颗麦粒（677排列）。

图1　图谱90币

图2这个币（图谱02币），正面67圆珠，连岛。背面左边21颗谷粒（777排列），右边21颗麦粒（777排列）。

图2　图谱02币

图3这个币（图谱51币），正面74圆珠，连岛，地图与图2的也不一样。背面左边21颗谷粒（777排列），右边21颗麦粒（777排列）。

图3　图谱51币

图4 这个币（图谱91币），正面76圆珠，连岛。背面左边21颗谷粒（876排列），右边20颗麦粒（677排列）。

图4　图谱91币

图5 这个币（图谱28币），正面72圆珠，小套岛。背面左边21颗谷粒（876排列），右边20颗麦粒（677排列）。

图5　图谱28币

图6 这个币（图谱131币），正面78圆珠，连岛。背面左边21颗谷粒（876排列），右边20颗麦粒（677排列）。

图6　图谱131币

图 7 这个币（图谱 148 币），正面 78 圆珠，套岛。背面左边 21 颗谷粒（876 排列），右边 20 颗麦粒（677 排列）。

图 7　图谱 148 币

纵观这 7 个币，正面只有 5 种。其中图 3 与图 4 币是同一个正面，都是 76 圆珠，连岛，"每"字比较靠近马齿，"国"字比较倾斜，地图的大陆部分比较饱满。这 7 个币的背面只有 4 种，其中图 1 与图 2 是同一个背面，只不过图 1 币背面 8 点处多了一条凹陷线，应该是钢模破裂造成的；图 5、图 6、图 7 也是同一个背面。这说明，中华苏维埃共和国五分铜币在印制过程中，使用钢模混配现象比较多。即正面、背面并没有一一对应，哪个钢模坏了就换哪个，秉承节约的原则。

21 谷粒版式币虽然种类不少，个个都是珍稀之币，要在钱币市场找到它们的踪迹并不容易。尤其是图 5 币，目前还属于孤品；图 3 与图 6 币存世量也各只发现 2 个。正因为如此，拍卖市场激烈竞价也就成为必然。

日　月　版

　　人们在参观韶山冲时，大多怀有崇敬的心情，因为这里出了劳苦大众的救星毛泽东！他与革命先辈们创建了中国共产党，领导中国人民翻身得解放，建立了中华人民共和国！想必到过韶山冲的人都对毛泽东铜像的故事难以忘怀。据导游介绍，某年12月26日，也就是在毛泽东主席诞辰纪念之日，树立这尊铜像之时，本应在春天开花的杜鹃，隆冬季节的那一天却竞相开放，满山红艳，此情此景不由得让人想起"江山如此多娇"的诗句。同样，那一天，晴空万里，出现了太阳与月亮并存的景象，导游昂扬道："毛泽东同志的丰功伟绩将与日月同辉！"

　　天地悠悠，日月永恒，这是长久的自然现象，借助于这种自然现象，人们会把现实中对某种事物的向往寓意到天地日月等自然万物之中。比如期望爱情天长地久；祝贺老人寿比南山福如东海；丰功伟绩与日月同辉等。为表达这种心愿，古代铸钱就有许多日月的图案，也有人把它叫作"日月版"。

　　在一次钱币交流会上，一个币商拿着一叠铜币叫卖，可因为要价很高，许多人随手翻翻便摇头走开了。我到那个摊位刚要蹲下来看时，老乡碰了一下我的胳膊，小声说："东西不错，就是太贵了"。我心想看看再说，没准能看到好的版式。一般情况下，币商仅仅对某个钱币分大类标价，对版式的变化很少研究，这正是研究钱币版别收藏者的捡漏机会。"知识就是金钱"这句话，在这种情况下显现出它的内涵，币商们往往"不识庐山真面目，只缘身在此山中"。果然不出所料，翻到第三页我就看到一枚很特殊的中华苏维埃共和国五分铜币（图谱82币），这枚币仅凭肉眼看是一个瘦体字版，中岛，长脚"国"三角"当"字，两面中心位置都有一个凸起的小东西。我收藏中华苏维埃共和国五分铜币不少的版别，其中也有这种瘦体字、中岛、长脚"国"三角"当"字版式的，但还是第一次看到两面中心都有凸点的，于是我掏出自己带来的30倍放大镜，认真一看：哇！这不正是一个"日月版"吗？正面（图1）中心位置有一个小圆点，象征太阳，背面（图2）中心位置有一个小弯点，象征月亮。这个币买回来之后，颇受钱币收藏人士的青睐。一些人认为，这是一种暗记，但像这种两面中心位置都有暗记的却没有见过，只见过币背面中心位置有小圆点的。中华苏维埃共和国五分铜币的暗记，即小圆点，大多数出现在正面"中"字上方和"国"字右上方。背面的暗记大多数出现在五角星上方和花结的下方,其他地方出现的概率非常少。这个币两面中心位置都有暗记,是珍稀品种。也有一种观点认为,正、背面搭配得那么巧妙和谐,可见雕刻师的一番心意,雕刻师是赣南本地人。共产党领导的红军部队进入赣南、闽西以后,打败了国民党军队,建立了中华苏维埃共和国。劳苦大众翻身解放,当家做主,从心底感激共产党和共产党领导的红军部队。正是这种感激之情,雕刻师有意在币的两面雕刻上太阳和月亮图案,寓意为中国共产党的丰功伟绩如同日月,光辉永存。

 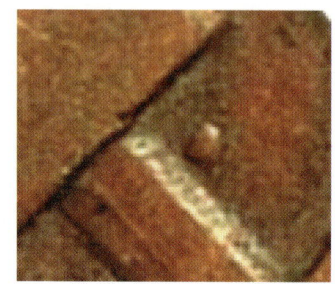

图1　正面

 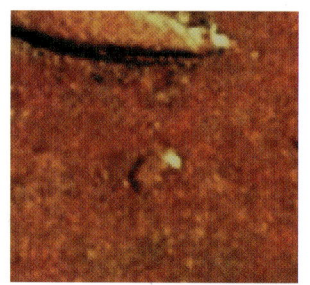

图2　背面

其实,暗记也好,寓意也罢,就币本身性质而言,它是中国共产党领导下的国家银行发行的第一套流通币,肯定与中国共产党的历史一样彪炳千秋!从这个意义上说,中华苏维埃共和国国家银行发行的货币,带着艰苦岁月的历史印记,带着劳苦大众的殷切厚望,带着革命战争立下的丰功伟绩,必定与日月同辉!

圆 花 结 版

爱美是人的一种天性，人人都有爱美之心。但欣赏美，各人却有不同的角度。比如在古代，人们形容女子长得漂亮，用"闭月羞花之貌，沉鱼落雁之容"来比喻。春秋战国时期越国的西施，是个浣纱女子，五官端正，粉面桃花，相貌过人。她在河边浣纱时，清澈的河水映照她俊俏的身影，使她显得更加美丽，这时，鱼儿看见她的倒影，忘记了游水，渐渐地沉到河底。从此，西施这个"沉鱼"的别号，就在附近流传开来。

其实，"沉鱼"之美更多的还在于她的心灵美：由于当时越国称臣于吴国，越王勾践卧薪尝胆，谋复国。在国难当头之际，西施忍辱负重，卧底吴国，为勾践的东山再起起到了非常重要的掩护作用，表现了一个爱国女子的高尚情操。

评价一个人美不美是如此，评价一枚币美不美同样是这个道理。中国的机制币虽然历史不长，可也生产了不少很美的币，中华苏维埃共和国五分铜币就是其中之一。

首先，我们来看看币的设计理念。1932年2月，中华苏维埃共和国国家银行成立以后，毛泽东随即指示国家银行工作的同志设计一套体现工农特征的苏维埃政权币。黄亚光同志根据毛泽东的指示，设计每张、每枚货币时，都绘有镰刀、铁锤、地图、五角星等图案，并且把这些图案分别摆在适当的位置上，实现有机的统一，给人以美观大方，又突出革命政治的感觉。这些货币既是普通使用货币，又是革命战争的宣传品。为宣传群众，号召和鼓励群众翻身闹革命起到了巨大的作用。铜币正面大陆图内中间有锤子和镰刀组成的中国共产党党徽，寓意中国共产党是全中国人民的领导核心。中国人民一定会在中国共产党的领导下，打败外国侵略者和国民党反动派，建立自己的民主政权。此后的中国历史也充分证明这种理念是正确的。在当时环境极其艰苦的条件下，看到这些鼓舞人心的币，广大劳苦大众的信仰更加坚定，铁心跟着共产党。

其次，来看看币本身的艺术特征。中央苏区在极其艰难的条件下建立自己的造币厂，制造自己的货币，在当时是一件了不起的创举。五分铜币设计工艺独特。币面文字除有一般铜币的共同之处外，还有一个重要特点就是如实反映了当时根据地的斗争形势和革命要求。如"中华苏维埃共和国"八个字印于币的正面上方，中间是中国地图，地图中央是中国共产党党徽，地图周围还有小珠点装饰成一个圆圈，下方是兑换说明。背面边缘一圈是马齿，往内由谷穗和麦穗环抱横写"五分"两个大字，上方饰五角星，下方饰花结，币侧面还有直线边齿。整个币面图案融革命性、宣传性和艺术性为一体。看着它，既给人以奋进精神，又给人以美的享受。整个币直径大约26.5毫米，厚度1.6毫米，重量 7 克左右，与当时其他地方流通的机制铜币差不多，又不失一般制币尺度。中华苏维埃共和国五分铜币是在炮火纷飞年代生产的，制作材料有些就是用子弹壳，手工摇杆螺旋印制，这在古今中外造币史上都是少有的，有着厚重的历史韵味。

最后，来看看币的传承作用。一个币的生命力强不强，要放到历史的长河中去考察。中华苏维埃共和国五分铜币不仅在当时为苏区经济建设和发展作出了重大贡献，还为新中国货币体系的建立立下了汗马功劳。我每次拿在手上都感到沉甸甸的，因为它承载了劳苦大众太多的重托。1949 年以后，中国人民银行于 1955 开始发行铝合金分币，其设计理念和风格完全延续了中华苏维埃共和国五分铜币的理念和风格。正面有国名，显示政权的尊严；背面有谷穗，形成美丽的装饰。这种集政治性与艺术性于一体的币，深受人民群众的喜爱，同样也为新中国的建设和发展作出了重大贡献（图 1 至图 4）。

图 1　五分铜币正面　　　　　　图 2　五分人民币正面

图 3　五分铜币背面　　　　　　图 4　五分人民币背面

在中华苏维埃共和国五分铜币中，有一种叫圆花结版式的币。这种币连接谷穗与麦穗之间的花结与大多数不同，四个结带都是圆形的。从雕刻工艺看，圆形的东西比较不好雕刻，需要的工序比较复杂，与方形花结相比既费时又费工。那雕刻师为什么还要舍简求繁呢？唯一能够说得通的道理，就是圆花结版式的币可能属于最早雕刻的币，即人们常说的"头版币"。我觉得这种推理判断很符合实际，人们在做第一件事的时候，往往都比较认真，比较仔细。记得我买第一辆自行车的时候，那是天天都洗擦，弄得闪亮闪亮的。随着时间的推移，慢慢地就不那么在意了。骑旧了干脆就不管它了，任它风吹雨打。又如，以前我们用钢笔写文章的时候，开头一页写得比较工整漂亮，越写就越差，到后面甚至是非常潦草。一个花结的四个结带，要在钢模上小心翼翼雕凿成弧形，显然不是一两锤子能够完成的，与方形花结的直线雕刻比较，肯定要多花不少时间。事情演变经过应该是这样的：原来五分铜币花结的设计应该是圆形的，雕刻师傅在雕刻了一两个比较标准的圆形花结钢模之后，慢慢就走样了，变成了"大头花结"。大头花结版式钢模雕刻不多之后，师傅们还是觉得不好雕刻，又改用简单的直线图案"方形花结"雕刻了，这样更省时省力，可以在有限的时间里雕刻出更多的钢模。这种由复杂到简单的演变，符合大多数人的行为逻辑，具有很大的实际操作意义，既不影响整个币的美观，又节省时间，减轻雕刻师傅的劳动强度，何乐而不为？

正因为这种由复杂到简单的改变，给人们留下了一段非常灿烂的历史文化。圆花结版币由于印制数量稀少，留存下来的实物就成了收藏爱好者追寻的珍稀品种。这种圆花结版的五分铜币，是同类币中造型最美，存世量比"无岛版"少得多的一种版式之币。

"圆"是宇宙间星系运行之轨迹，"圆"是阴阳两极之乾坤，"圆"是中国人生活的理念。"圆"对于中国人来说有一种特别的喜爱，大年三十的年夜饭叫"团圆饭"；实现了自己的梦想叫"圆梦"；工作自始至终都很顺利叫"圆满成功"。圆形图腾让人产生无限的遐想与眷恋！

其实，圆花结版作为五分铜币的背面版式，其正面有三种不同版式与之搭配。其中有两种宋体字版，即人们常说的"三角当字版"。"三角当字版"又有"长脚国字版"（图谱83币）和"短脚国字版"（图谱84币）两种。另外搭配的一种币正面是楷体字版（图谱85币）。所以就正面而言，圆花结版有三种，即"长脚国字圆花结""短脚国字圆花结""楷体字圆花结"。

圆花结版的背面版式也有两种：一种是左边连接花结的稻杆有三条，被称为"三杆圆花结版"（图谱86币）（图5）；一种是左边连接花结的稻杆有四条，叫"四杆圆花结版"（图6）。

图5　三杆圆花结　　　　　图6　四杆圆花结

圆花结版

虽然圆花结的版式有两种，而"四杆圆花结版"又有三种正面搭配版式，但还是属于"版式不少，存世不多"的情况。据我收集的6 000多枚五分铜币资料统计，4种圆花结版式铜币总共只有54个，占千分之九，不到百分之一。而"无岛版"（同一正面有两种背面搭配）却有163个，占百分之二点七。由此可见，"圆花结版"与"无岛版"的比例是1∶3。应当特别指出的是，在54个圆花结版式币中，绝大部分都是"四杆圆花结版"，而"三杆圆花结版"目前仅发现2枚，非常稀少，属于可遇而不可求的品种。

如果把中华苏维埃共和国五分铜币比喻为众多机制铜币帝国中的"皇后"，那么，"圆花结版"就是戴在皇后头上的"皇冠"，而"三杆圆花结版"则是镶嵌在皇冠之上的那颗耀眼的"明珠"。"圆花结版"的外在美与内在美共同迸发出时代的光芒，深深地吸引着热爱红色货币之人的视觉世界；能拥有一枚真是莫大的荣幸！

鹰 钩 版

2020年10月8日，华夏古泉网站的机制币拍卖，创互联网拍卖有史以来最多的中华苏维埃共和国五分铜币拍卖，一次性拍卖数量达到138枚。由于国庆节与中秋节同一天的缘故，这个小长假热闹非凡。

头几天，我还浏览了网站，对138个币图进行了下载，将它们按我自己编制的图谱，对号入座地进行了辨识，结果只有一个币列入我的购买计划。这个币在网站上的编号是188号，是个很好的吉祥号。

目前，我收集的中华苏维埃共和国五分铜币图谱已经达到6 000多个。这是我十几年来坚持在网上搜寻的结果，对于研究五分铜币版式，无疑是必不可少的工具性资料，我非常珍惜。感恩社会的进步，让我赶上互联网时代。说实在的，互联网交易使从事钱币版式研究的人如虎添翼，众多的钱币在网上公开交易，下载图片轻而易举。只要你有决心坚持，到一定时候必定给你丰厚的回报。不管你有钱没钱，都可以结出丰硕的成果。有钱买币，没钱下载图，不会影响你的研究。

当你研究到一定程度，你自然知道哪些币是存世量比较多的，哪些币是存世量比较少的。只有这样，才能在收藏市场捡漏，靠知识捡漏。你的知识越丰富，研究得越深入，你就越能够捡到"漏"。不然，现在信息传递那么快，是很难捡到"漏"的。

近几年，收藏市场品相派占据上风，尤其是评级币，MS以上级别的币，几乎多一二分，价格就翻倍。从61分到70分，我不知道有几个人能分清楚它们的差别。也许我比较愚钝，反正我是弄不太清楚，只有评级公司说了算。分数高，存世量肯定少，价格高一点是很正常的，但是否悬殊那么大，真的非常值得深思。

依靠评级公司来进行收藏有一定的道理，可以减少收藏过程中"交学费"的数量。绝大部分的评级鉴定公司是负责任的，这些公司有一流的鉴定专家把关，出错率非常少。这对于初学者来说是非常有益的。但收藏不仅仅是使收藏品增值这一条道，收藏更大的乐趣还在于研究与发现。所以，品种才是收藏永恒的主题。没有品种的发掘，收藏就会失去生命力。

第188号币对于我来说，为什么那么有吸引力？并非其牌号好，而是因为它是一个非常罕见的品种。

图1这个币（图谱75币）正面75圆珠，小套岛，即大陆插入岛的尖角非常小，不注意还很难发现，会误认为是"连岛"。其实不是，是地地道道的"套岛"。75圆珠套岛版式的币目前共有4种。其他3种大陆图插入岛的尖角比较大，唯独这个币特别小。另外与其他3个币不同的是下方兑换说明"式"字的点是"上挑点"，挑起的方向对着右边的五角星。上方的"维"字，字体特别小且位置较高，与整体"中华苏维埃共和国"国名不协调，像短了一截似的。除此之外，最特别的是大陆图右上角多了一小线条，似老鹰的钩嘴，故称为"鹰钩版"（图2）。

图1　图谱75币　　　　　　　　　图2　鹰钩版

这一小线条是怎样形成的无法考证，或许是钢模雕刻师在雕刻时不小心多敲了一下，或许是钢模用久了破裂所致。不管怎样，客观上就有那么一条短线存在，目前还没有发现这种版式币无短线的。

本来我在138个币之中，选择准备要参加竞拍的就这一个。可是那天我跟朋友出去旅游了，直到晚上9点多才回来，玩得虽然高兴，却把拍卖的事忘得一干二净。一回到家，还没等我与老婆分享一天的旅游新闻，老婆便说："你今天晚上不是要参加拍卖吗？"一句话就像一盆冷水泼在我身上，顿觉错过机会了。一种莫名的懊恼涌上心头，一天的愉悦心情立刻被洗刷走了，心中的自责一时难以排解。我立即上楼打开电脑，一看果然落锤成交无法挽救了。那一夜我辗转难眠。

没承想，第二天，我打开"钱币天堂"网，在"交易区物品"栏目搜索"苏维埃"品种币，结果屏幕就跳出这个币。认真一看，卖家在昨天晚上9点45分就把这个币上传网站了。说明昨天晚上拍卖一结束，卖家知道自己中拍了，马上在另外一个网站上传拍卖。真是个很会做生意的商人啊，币还没有到手就转卖了。现代社会信息很重要，信息也很值钱。

其实我也很高兴。我一看这个币被商家买去，接下来觉得还有戏，因为大多数商家并不知道那么多版式，他们只是赚点差价而已。怕就怕被对苏维埃钱币有研究的藏家买去，那就出不来了。这并非危言耸听，有些币如果被藏家买去，说得夸张点，你一辈子都别想再寻找到这个币了。历史上的"缺角大齐"不就这样吗，只知道当时被江南名士戴熙买去，多少人梦里寻她千百度，可几百年了仍渺无音讯！

　　这次，商家采用的是竞拍形式，经过4天的轮番竞价，我最终以1 340元的价格中拍拿下这枚币，加上其他费用总共是1 371元。我查看了一下10月8日拍卖纪录，落锤价是920元。假如我参拍，那最低也得940元，加10%的佣金，总价或许就得超过1 034元。而我这次成交只多花了337元。337元对于此币而言已经溢价30%，商家可以说是获利丰厚了。但就此币的本身价值而言是微不足道的。这种版式币自从2011年9月在我的《红色货币——中华苏维埃共和国国家银行发行货币版别研究》书采用一处之外，近10年属于第二个发现。我统计过，出现的概率是三千分之一。3 000个五分铜币才能找到1个这种版式的币，完全可以用"凤毛麟角"来形容。就估价而言，这个币肯定远远超过1 371元，我心里已经很满足了。

鹰钩版

半 岛 版

21世纪初，我常常去赣南的瑞金、于都、兴国、赣州市等地，寻觅中国工农红军遗留的文物，尤其是红军使用过的钱币与票证之类的东西。那时候人们对中华苏维埃共和国五分铜币的收藏，大多停留在收藏无岛、远岛、近岛、连岛、套岛这五种岛别范围。我有志于研究中华苏维埃共和国五分铜币的版别，特别在意不同版式的出现，每次去文物商人那里，任商人怎么开价（文物商人一般都没有研究版式，不太了解哪种版式的比较珍贵，每次开价比市场行情略高就卖），只要是自己没有的版式币我都会不惜本钱购买。久而久之，人家给我的评价是：出手大方，甚至有的人认为有点傻。这使得不少商人愿意与我交易，经常有人电话通报情况，或者送货上门，我的藏品数量由此迅速增加。不到十年，我把收藏心得写成《红色票证——中华苏维埃共和国票证文物收藏集锦》与《红色货币——中华苏维埃共和国家银行发行货币版别研究》（解放军出版社，2009年版和2011年版）在全国公开出版发行。不少人问我从事这项收藏有多长时间，我回答不到十年时，他们或多或少都会流露出惊讶表情，甚至有少数人直接持怀疑态度。的确，最初着手收藏时，我还担任着县（处）级领导职务，工作可谓繁忙，只能利用业余时间进行收藏与研究。在人生旅途上，十年不过是弹指一挥间，但是能够在一件事上坚持十年也不算短了。十年，一个学生都可以从上大学开始念到硕士甚至博士毕业了。

我认识一个赣南师范学院的陈老师，他对中华苏维埃共和国五分铜币版别颇有研究。据陈老师说，他从20世纪50年代就开始收藏中华苏维埃共和国五分铜币，并且他告诉我有一种"半岛版"的铜币很值得研究（图1）。当时我进入这个收藏领域时间不

图1 半岛版

长,对五分铜币的版式了解不多,经陈老师的点拨,我开始留意这种币。

所谓半岛版(图1),是中华苏维埃共和国五分铜币正面大陆地图右下方,用时钟表示是4点处(下同),有三个凸起的不规则点排列成半个台湾岛的形状。这种币(图2)正面76圆珠,连岛(海南岛);背面左边22个谷粒呈877排列,右边20个麦粒呈677排列,方角形花结,107个马齿。这种币也有人说是"群岛版",因为三个凸起的不规则点像一群小岛屿。见仁见智,各有说辞。

那么,这种币在这个位置的三个不规则凸起点,究竟是怎么回事呢?有一种解释是:这个位置本来已经雕刻上了台湾岛,后来有人说不行,雕刻师傅又用填补的办法把它填掉了,不料填得不平整,留下了三个不规则的小坑,所以印制出来的币就成为半个台湾岛形状。这也是有些人所说的修模版,即模具坏了修理一下继续使用。我们无法考证当时是否有修模行为的事实,仅就这种币本身图案来看,确实有点耐人寻味。叫"半岛"也好,"群岛"也罢,图案就摆在钱币那里,爱叫什么叫什么吧。

我在网上观看了不少人关于这种半岛版币的描述,绝大多数是:"半岛,6点维,曰字当"不到10个字的说明。其实,这种币要描述清楚还真不容易,因为在那个战争年代,使用极其简陋的工具,手工操作螺旋杆,凭经验制造出来的币极其不规整,遗漏图案是平常之事,只凭一个币是说不清楚的。我们来看看图2、图3、图4这三个币。图2

图2 背面钢模还没有开始破损,边缘轮廓清楚

图3 正、背面钢模正在破损过程中,正面多处出现破版痕迹,背面底板凹凸不平

这个币轮廓是最清楚的，底板平整，只可惜包浆太厚，无法放大看清楚细微特征。图3这个币非常典型，从放大的图5可以看到：繁体"苏"字的左边上下两处各多出一个小凸点；右边"禾"字的第一笔头特别粗大；"维"字的第一笔右侧多一个点，"纟"偏旁底下多三个小点；"埃"字的第一笔本来是一横，却雕刻成一个圆点没有横过那一竖；"和"字头上多一个小圆点，"口"的中心有一条小横线，下方多出一竖一横的线条，形成"口"字双线状况；"国"字的左下角和右上角各有一个圆点。从放大的图6可以看到："每"字的左上方多一个小点；"枚"字最后一笔的头部上下两边各有一个小三角形点；"当"字头部左边多一个小点，"口"字多一横成了"日"字，所以从图7还可以看到这个币正面图案还有三个地方很特殊：一是9点处的一个马齿旁边有一个小圆点；二

图4　背面钢模破损最为严重，背面左下和右边各有弯形线条，
左下8点处和右上2点至3点处共有三个小块粘疤

图5　正面上方各种字体

图6　正面下方各种字体

是左边五角星中间有一个小圆点；三是右边五角星左上方有一个点。再来看这个币的背面，无需放大可以看到右边4点处有一个凹陷弯形图案；从6点处一直到11点处也有一个凹陷弯形图案，只不过这凹陷弯形图案中间比较看不清楚；左边9点处下方有一个长形疤块。经过放大图案，从图8可以看到五角星顶上有一个小圆点；花结底下有两个小圆点；左谷穗左边下方第1个谷粒与谷芒之间有一个小圆点（与众不同）；"分"字的一撇上方中间有一个突出的叉，一撇中间的右边和"刀"部上方还各有一个小凸点。除此之外还有不少地方出现一些不该出现的东西，如"每"字的"母"字上方空格内有一条竖线，中间一横右上方有一条横线，等等。这么多不该出现的星星点点集一个币于一身确实让人难以理解，应该说这既有雕刻师傅本身雕刻的错误，也有因钢模质量不好而破版留下的烙印，甚至还有些可能就是当时有意所做的暗记。

图7　正面其他图案放大

图8　背面其他图案放大

我在编写《红色货币——中华苏维埃共和国国家银行发行货币版别研究》时，又发现一种新的情况，图9币的正面不管从圆珠的个数（76圆珠，连岛），还是各种字体和图案，尤其是"苏、维、和、每、枚、壹"字的星星点点，都与图3币一模一样，所不同的是少了"国"字左下方的小圆点和半岛图形。我感到非常纳闷，雕刻师傅使用的是手工雕刻，一凿一锤凝聚了他们辛勤的汗水，力求每一个所雕钢模都与原设计图案相同。事实上，在没有精密仪器的条件下，要做到与原设计图相

图9　76圆珠，连岛

同几乎是不可能的，尤其是那些星星点点的制作更为困难。难道这两种币是同一个钢模？但又没有"国"字左下方的小圆点和半岛图形。我曾经就这个问题与同行们进行过多次探讨，比较一致的观点是：图9与图2、图3、图4币的正面是同一个钢模，图9应该是这种钢模初期印制的币，这个钢模原来并没有半岛这个图案，由于当时钢材质量较差，钢模用久了容易崩裂塌陷，出现多处星星点点，半岛版铜币就应该是这样产生的。所以，可以说半岛版也是一种破版币。

圆花结与无岛版珍贵程度之比较

人们只要踏进收藏圈,品种派与品相派的争论,谁战胜谁等问题,自然而然地会闯入你的脑海。品种派也好,品相派也罢,都会拿出自己的论点,并且旁征博引,论证自己观点的正确性。

我的知识面很窄,也不太愿意接触太多的收藏品,只知道中央苏区货币与票证交易的一些小事。其实,我相信对于大多数收藏者来说,也不可能什么收藏品都精通。让我特别不服气的是那些鉴定杂项的所谓"专家",说得天花乱坠,什么都看得懂,什么都能鉴别。殊不知,世界之大无奇不有,一个人的精力有限,哪会有这么渊博的知识?造假之人之多,手段如此现代化,哪能什么物品你都分得清真假?此话暂且不说。

进入2020年,网上收藏品的交易火爆。如品相好的苏区钱币,可以说是一路高歌,有些在半年之内价格接近翻倍。

于是,品相派又出来说话了:你看,还是品相为王吧,价格不断攀升,玩好品相藏品的人真是喜笑颜开。

在这种现实环境下,品种派好像没有什么脾气了。

6月5日晚上,我参加了"华夏古泉"网的"限时竞买",好像又为品种派撑了一下腰。"华夏古泉"网是目前国内钱币交流最活跃的网站之一,阵容强大,拍品丰富,人气旺盛,成交量大。

我们来看看这两个币拍卖的情况:

图1这个币,是在中华苏维埃共和国五分铜币中大名鼎鼎的"无岛版"。被公博钱币评级鉴定公司评定为XF45,证书为1310034232号。成交价(含佣金)为13 750元。

图2这个币,是中华苏维埃共和国五分铜币"圆花结版"。同样被公博钱币评级鉴定公司评定为XF45,证书为1310023372号。成交价(含佣金)也是13 750元。

我刚开始研究五分铜币时,只知道有远岛、近岛、连岛、套岛、无岛五种版式的区别。这五种版式当时最昂贵的就是"无岛版"。记得那时候一枚普通品相的"无岛版"价格是150元左右,其他四种,除了"远岛版"价格略贵5元左右,其余都一种价,大约25元一枚。

中华苏维埃共和国 五分铜币研究

图1　无岛版

图2　圆花结版

此后，我对中华苏维埃共和国五分铜币进行了版别分类研究，并于2011年9月，在解放军出版社出版发行了《红色货币——中华苏维埃共和国国家银行发行货币版别研究》一书。其中，对"圆花结版"进行了分析研究，以收藏的实物为依据，证实了这种版式不但美观，而且存世量又远远少于"无岛版"。所以，我把它列为中华苏维埃共和国五分铜币"八珍品"之一。研究结果一公开，就引起苏维埃钱币收藏界轩然大波。从此，"圆花结版"成交价格一路飙升，从一个不值钱的"丑小鸭"一跃成为众人看好的"金凤凰"。

图3　圆花结放大图

回想2002年时，"圆花结版"的价格只是"无岛版"的六分之一，也就是说，当时买一个"无岛版"的钱可以买到6个"圆花结版"币。可经过9年的变化，这两种版式的铜币平起平坐了。我还敢肯定地说，"圆花结版"的价格，最终会远远超过"无岛版"币。不信，咱们拭目以待！

"圆花结版"价格不断攀升的事实说明了什么呢？说明在收藏市场，品种是占主导地位的。其实，在中华苏维埃共和国五分铜币中，还有不少存世量非常稀少的版式品种。从我收集的6 000多个铜币的图片分类看，有十几种版式的币目前还是"孤品"（也有人叫"仅见品"）。这些珍稀品种的交易价格，将来也肯定会以很快的速度攀升。

收藏是以品种为主，还是以品相为主，萝卜青菜各有所爱。我个人认为，品种是占主导地位的。比如，古钱大珍"大齐通宝"，我敢打赌，十个漂亮的雕母也换不来其中的一个！

最近，我还看到一个网站上的文章，说已经退出流通的第四套人民币中，1980年版普通冠字版一角币只要几毛钱一张，而HU冠字版币的成交价则是20 000元。只是冠字不同，其余并无任何差别，价格却相差几十万倍。

按照马克思政治经济学原理，商品价值具有两重性，即使用价值和交换价值，商品的交换价值是根据商品的量决定的。商品的量越多，其交换价值越低。反之，商品的量越少，其交换价值越高。这就是"物以稀为贵"的道理。

当然，品相好的藏品也是相对比较少的，也符合"物以稀为贵"的原理。但这只是发生在同样品种前提下的比较价值。这个比较价值，我觉得有时也太离谱了。同样一张第三套人民币中的红色一角币，评级为55分的是一万元左右，而评级为70分的，则要二十万元，相差惊人。其实55分与70分的差别，肉眼是很难区分的。

收藏人对藏品的取舍要各有侧重，无可厚非。个人愚见，喜欢搞研究的人，应该以品种为主，不要太计较品相。比如有个XF45的币就行了，何必非要弄一个MS60的币？应该多从性价比方面考虑，注重实际，剩下的钱可以买更多的品种。

中华苏维埃共和国 五分铜币研究

搭配不同与珍贵差异

在封建社会,有一种专门给皇家烧制瓷器的官窑。这种官窑烧制出的瓷器,经过"千中选十,百中选一"层层筛选的方式,最终选出唯独一件进贡给皇家。而那些没有被选上的瓷器则就地砸碎。在当时而言,这种方式是为了显示皇家的权威与尊贵。千百年以后,这种瓷器就成了价值连城的古董。因为它是独一无二的,这正好诠释了"物以稀为贵"的道理,存量越少越值钱。同样,一个币珍贵不珍贵,值钱不值钱,主要是看其存世量情况。

大家都知道,所有机制币都有正面与背面之分,并且大多数机制币的正面与背面图形是相对固定的,即通常我们所说的"一一对应",即一种正面只对应于一种背面。正所谓"一个锅配一个盖"。

实际上,机制币正、背面混配现象也见怪不怪,即一个正面搭配好几种背面,一个背面又搭配好几种正面。这种正、背面搭配经常是无序的,随机产生的。这就导致生产出来的各种版式币,存在不平衡现象:有的版式可能生产量大,有的版式生产量小。又经过历史的演变,各种版式币存世量会发生巨大的变化。有些存世较多,而有些存世较少,还有的甚至只有孤品一个。这种不平衡现象,对交易价格带来巨大的影响,也就是我们通常所说的某种版式币很珍贵,某种版式币很普通。一些币由于存世量少很值钱,一些币由于存世量大而比较不值钱。

我们来看看:

图1是个76圆珠的中岛版,这种正面版式,共有五种不同的背面版式,即图谱85、86、87、88、89币。其中图谱87币(图2),搭配的背面是"内线结带版",即左下结带里面有一小线条。这种版式属于最普通的版式,存世量大,在6 221个币版式分类统计中,这种版式币存世量是296枚。而图谱85币(图3),由于搭配的背面是4杆圆花结版,存世量稀少,属于珍贵品种,在6 221个币版式分类统计中,这种版式币存世量是21枚。

图1　76圆珠中岛版

与这种正面版式相同的图谱86币(图4),情况就很特殊了,这个圆花结版与图谱85币(图3)不同,左边的稻杆只有3条,目前仅发现这2枚,非常珍贵。

图 2　图谱 87 币，背面左下结带内有小线条

图 3　图谱 85 币，圆花结版，左边 4 条稻杆

图 4　图谱 86 币，圆花结版，左边 3 条稻杆

　　同一种正面，由于搭配不同背面，形成三种不同珍稀币，图 2 为普通品种，图 3 为珍贵品种，图 4 为特别珍贵品种。

　　非常有趣的是属于普通品种的图谱 87 币之背面版式（图 2），即"内线结带版"，也有三种不同的正面版式与之搭配。除了图谱 87 币属于普通品种，其余两种又特别珍贵。

　　图 5 与图 6 两个币的背面与图 2 是一模一样的，但图 5 币的正面是 72 圆珠，右歪中岛，正面两个五角星平整；图 6 币的正面也是 72 圆珠，但这个币是近岛，右歪近岛版，两个五角星向左歪斜。这两种版式，目前也仅发现各一枚，都属于孤品。图 5 这个币我还在"钱币天堂"网上以 30 万元诱人的价格征集，结果在网上挂了 9 年，到目前还无人应征。

图 5　图谱 21 币，右歪中岛内线结带版，正面两个五角星平整

图 6　图谱 25 币，右歪近岛内线结带版，正面两个五角星左歪

可以看到，同样一种正面，由于搭配不同的背面而产生珍贵程度的巨大差别。同样一种背面，由于搭配不同的正面，也产生巨大的差别。

再举个例子：

图 7 这种正面 76 圆珠，近岛，"维"字绞丝旁底下多了 3 个点，业界称之为"六点维字"。繁体"当"字也很特殊，"口"字里面多了一横，变成了"曰"字。所以这个正面叫"六点维曰字当版"。

图 7　76 圆珠近岛版

研究发现,这种"六点维曰字当版"的正面,共搭配有9种不同版式的背面,即图谱90、91、92、93、94、95、96、97、98币,其中有两种版式特别珍贵。

图8这个币的背面与绝大多数币不同,左边谷穗谷粒少一粒,只有21粒,且谷粒为777排列,即每排都是7个。这种版式目前仅发现这1枚,特别珍贵。

图8　图谱90币,大777谷粒版

图9这个币的背面与绝大多数不同,整个花结特别小,称之为"小花结版"。这种版式币,目前也只发现1枚,特别珍贵。

图9　图谱92币

与图9同样背面版式,即"小花结版"的,也有搭配不同正面版式的币。如图10,背面为"小花结版",而正面是远岛版。这种"远岛小花结版"在6 221个币版式分类统计中,存世量是298枚,可见是非常普通的品种。

上述叙说的五分铜币正面与背面搭配之事,除了介绍部分珍贵版式,意在提醒热爱中华苏维埃共和国五分铜币收藏研究的同仁,在收藏实践中,千万不可粗心大意,同一种正面有多种背面搭配,同一种背面也有多种正面搭配,有些非常普通,有些则特别珍贵,遇到了千万别错失!

图 10　图谱 80 币　远岛小花结版

一枚币引发一个话题

2020年6月29日晚上，我参加了"华夏古泉"网的"限时竞买"，以不到1 000元的价格，买下这枚中华苏维埃共和国五分铜币（图1）。

图1　所拍铜币

这个币初看非常普通，没有什么特别之处。可当我一数圆珠，对照我研究掌握的版式图谱，才突然发现怎么也找不到这种币。于是我便认真起来，仔细观察其正面是72圆珠，套岛，"式"字的点斜对"中"字，108马齿。背面左边22谷粒呈877排列，右边20麦粒呈677排列，"分"字的第一撇特别弯曲，且离左边禾叶比较远，四个结带较均匀，禾（麦）叶与结带不相连，106马齿（图谱40币）。

图2　局部放大

2011年9月，我在解放军出版社出版了《红色货币——中华苏维埃共和国国家银行发行货币版别研究》一书。书虽然出版了，但我知道学无止境，十几年来一直跟踪各种

网上出现的币，尤其是五分铜币，每隔几天就下载一次网络图片，并将下载的图片逐一与已经所掌握的版式图谱进行对照，从而筛选出新发现的版式。目前，已经收集图片12 000余张（6 000多个币），各种版式币的存世量数据初步确认。十几年来的不懈努力，千方百计地广为收集，却还没有发现这种版式的币，说明此币确实是个孤品。

此结论可能引发一些人的争议，因为"孤品"这两个字，近几年来在收藏界似乎比较忌讳，不少人认为要用"仅见品"一词。何为"仅见品"？我实在不是很明白，会不会大概要表达的是"目前仅仅只见到这一个品种"的意思吧。究竟说"孤品"准确还是说"仅见品"准确？可能大家都不是十分清楚。凭个人感觉，还是"孤品"一词比较好，孤独一品，朗朗爽口，有一种清爽干脆的感觉。

其实，"孤品"具有绝对与相对的属性。绝对孤品，是指不可能再出现第二种情况。如中国十大传世名画之一的《富春山居图》。不论是《剩山图》还是《无用师卷》，都是举世公认的绝对孤品。但收藏界也经常发生另外一种情况，如大齐通宝。"缺角大齐"在清道光年间被江南名士戴熙发现，成为轰动一时的孤品古钱。但20世纪20年代，泉学家戴葆庭和朱克壮在江西鄱阳农村孩童踢的毽子上发现了因为做毽子，被钻出四个小孔的"四眼大齐"。从理论上说大齐通宝已经发现两个，已经不是孤品了。有趣的是"缺角大齐"不知什么原因，一百多年来众多收藏家绞尽脑汁千方百计寻找都没有找到，现在只留下一张拓片。只有"四眼大齐"才真正成为流传在世的孤品。从"缺角大齐"到"四眼大齐"的发现，由孤品演变为不是孤品；而又从"缺角大齐"的丢失，"四眼大齐"又由不是孤品演变为真正的孤品。这种变化体现了孤品的相对性。

"仅见"作为一种形容词，对收藏品存世量特征的概括不够准确，存在歧义。比如，某种元代青花瓷，存世量只有两个，在文字表述上可以说："仅见两个"。我上百度百科查找了一下"仅见"词条，显示的解释是："意思是极少见"。"仅见"一词最早出现于《明熹宗实录》卷六十九："天启六年三月（甲辰朔）壬寅，得旨：朕嘉宁远捷功，年来仅见。内外大小臣，恩赉宜均。……袁可立各赏银三十两，纻丝二表里。"从这个解释看，显然"仅见品"不如"孤品"所表达的意思准确。

所以，我认为只有孤独一个的收藏品还是叫"孤品"为好。有些人为慎重起见，表述为"目前为孤品"，应该也可以。但一般情况确属孤品的东西就叫"孤品"，现在属孤品的东西以后又有新的发现，不再叫其"孤品"就行了。不要害怕可能以后还会出现同类东西，就不敢说是"孤品"。事物都是变化发展的，变化之前承认现实，变化之后改正说法，才是正确的态度。因为，谁也不知道还会不会发生"大齐通宝"一类的情况，由是孤品到不是孤品，再由不是孤品到是孤品。我们没有必要杞人忧天，以后发生的事情还多着呢……

再举个例子。2012年5月27日，我在"钱币天堂"网站"论坛——红色收藏"栏目上发了一个帖子,想收购一个中华苏维埃共和国五分铜币"中岛版"。当时的主要动机是自己手上有一个品相较差的币,想换一个品相好的。这种币其实很普通,当时普通品相市场交易价格大概也就800元。但我要求收购的是达到MS级别的,开价3 000元。

等了几天,没有人来应约,觉得可能是开价低了。于是2012年6月5日,我便在帖子上写道:"请各位兄弟帮我找找这种币,品相如图(图3)的3 000元一个,品好可以加价。"

图3　发帖铜币图

2012年6月23日,我又发帖:"如图品相5 000元一个,品好可以加价。"2012年12月8日又提高到10 000元。2013年6月28日,提高到15 000元。2014年1月2日提高到30 000元。2014年5月10日,我又把收购价提高到50 000元,有人跟帖:"5万元的价格确实让人心动。大家抓紧找一找。"2015年6月17日,我再次把收购价提高到60 000元。7月7日,有人跟帖说:"开帖四年多,天堂没有货,悬赏翻几倍试试看?"2017年12月7日,我把收购价提高到10万元。2018年1月18日,我直接把收购价提高到30万元。几年过去了,仍然没有人来领赏。甚至有藏友留言:"哇,三十万!等我孙子孙女长大点后,准备带上显微镜,背上行囊行游天下,找它个几枚来,让洪老师出钱出得手软!"

十多年来,跟帖者无数,除了感叹还是感叹,没有一个人真正拿币来应约,不要说品相达到MS级的,就连品相差的也没有人发现,真让人有点不可思议。但此事也足以证明:机制币也是存在孤品的。

辨认一枚珍品币的简单方法

在收藏过程中，捡漏是一种心愿，是一种乐趣，是一种心旷神怡的享受。但是，捡漏不能仅仅靠运气，还要注重藏品知识的学习与积累，知识越丰富，捡漏的机会越多，这就是人们常说的"天道酬勤"。

2011年初，我写完《红色货币——中华苏维埃共和国国家银行发行货币版别研究》（以下简称《红色货币》）书稿，在检查所使用的图片时，发现6-30币和6-31币的图片不尽如人意，尤其是6-30币的图片黑乎乎的，背面图案缺失比较严重，连花结都看不太清楚。而6-31币的正面也是黑乎乎的，都想找一个品相比较好的去替换。

但是在已经收集到的图片资料中，翻来覆去都找不到第二个，因而非常无奈地完成了书稿，送去付印了。在《红色货币》一书公开发行之后不到一个月，非常庆幸在"钱币天堂"网站的商品交易区里找到了6-30版式币，品相一流（图1）。虽然花了大几千元高价，心里仍然非常高兴，因为这是十几年来搜寻发现的第二枚。又过了10年，我在重新编制本书图谱时，这个币被编为"图谱20币"。这10年，除赣州市一位收藏家新增一枚之外，再也没有新的发现，目前存世量仅3枚，属于珍贵品种。

图1　原《红色货币》6-30币，现为图谱20币

这个币在很短时间内找到，不能不说是碰上了好运气。同样想找的6-31币（此币在本书中编为"图谱21币"），就没有那么幸运了，寻觅十余年，仍然不见其踪迹。

图谱21币（图2）与图谱20币实际上是一种正面搭配两种不同背面的混配币，即这两个币的正面都是同一个钢模印制的，都是72圆珠，中岛，122马齿。由于这个正面岛的形状偏向右边,所以我给它取名为"右中岛版"。

图2　原《红色货币》6-31币,现为图谱21币

"右中岛版"的两个不同背面有什么区别?我们来看看图3,比较一下就知道了。图3左边是图谱20币背面的花结,三个结带都开叉,不整齐,且结芯歪斜;图3右边是图谱21币背面的花结,右上结带的上横比较接近水平状态,左下结带内有一条小线条。两个背面的特征还是非常明显的,很好辨认。

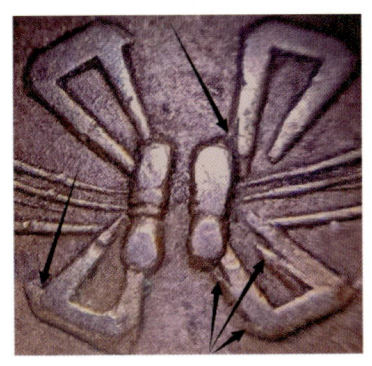 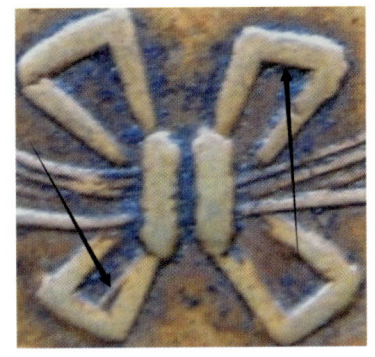

图谱20币花结　　　　　　　图谱21币花结

图3　花结比较

为寻找图谱21币,从《红色货币》出版之后的十余年间里,我除了到处寻找,还从2012年5月27日开始,尝试网上征集。在"钱币天堂"网站发帖,收购价由3 000元起始,先后十余次不断加价,总认为"重赏之下必有勇夫",可直到加价至30万元收购一个,也无人应帖。10年时间过去了,不要说达到MS级别品相的币,就连品相很差的都没有出现。这个币真的很可怜,目前还是孤零零的。

其实,所谓"右中岛版",也是中岛的一种图案形状,是指根据海南岛与大陆之间距离不同情况的一种分类,即介于近岛与远岛之间的一种图形,如图4所示。有的人怕麻烦,把凡是与大陆图离开,不管海南岛是远还是近,统统称之为"离岛版"(离开大陆的意思）。认真观察海南岛与大陆的距离，不同版式还是有很大差别的。从图4-1至图4-3可以看出，左边的近岛版，岛已经非常接近大陆图的边线了；而右边的远岛版，岛却离大陆图的边线很远；中间的中岛版，居于中等距离。根据这三种距离情况而命名为近岛、中岛、远岛，这虽然是在人为地划分版式分类，但我认为是应该的，具有它的科学性。

图4-1 近岛

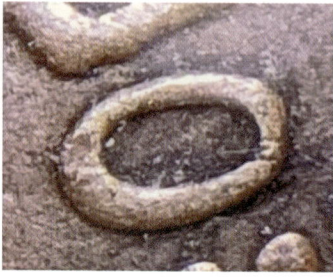
图4-2 中岛

图4-3 远岛

"右中岛版"虽然搭配有两种（图谱20、21币）背面，却很难见到其芳容，两种版式都属于珍稀品种。

应当提醒一下喜欢苏区钱币研究的朋友，在市场交易实际操作时，可不要选错了，看走了眼。"右中岛版"与两种近岛版非常相似，稍不留神就容易混淆，要非常注意。这两种近岛版中，一个是图谱22币（这种正面有四种不同的背面）的正面，另一个是图谱43币（这种正面有三种不同的背面）的正面。为弄清楚他们之间的区别，我们结合图5和图6，来说说这两个币的具体情况。

图5左边是72圆珠近岛版的图谱22币。这个币与中间的"右中岛版"币，圆珠个数都一样，都是72个圆珠，字体、图案也差不多，两种岛都是向右边歪的，形状差不多。但这两个币的最大区别，在于两个五角星。右边这个"右中岛版"的五角星是平的，而左边这个图谱22币则是歪的。凭肉眼就可以分清楚。

图5 三枚币

 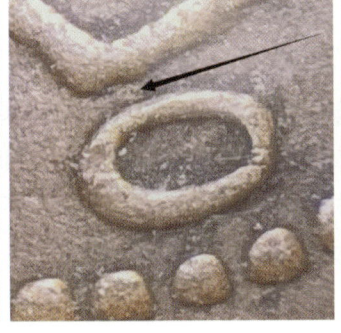 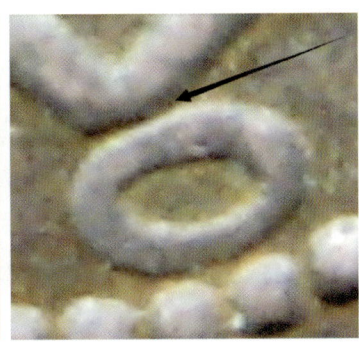

72 圆珠近岛　　　　　72 圆珠中岛　　　　　73 圆珠近岛

图 6　三枚币岛图放大

图 6 右边是 73 圆珠近岛版的图谱 43 币。粗粗地看，中间的"右中岛版"与右边的图谱 43 币，图案形状都差不多，连两个五角星都一样平。最大的区别是图谱 43 币多了一个圆珠，即中间的"右中岛版"是 72 个圆珠，而右边的图谱 43 币是 73 个圆珠，两个币只有"一珠之差"。

有不少收藏苏区钱币的同仁说，"右中岛版"之所以很难找到，30 万元诱人的收购价格都没有人送上门来，主要原因是这种币的特征不是特别明显，不好辨认。

其实，"右中岛版"还是很好辨认的。今天，我把这种币的特征给大家作一个详细介绍。期待大家掌握之后，能有新的发现。

图 7 是"右中岛版"8 个字的放大情况。从放大情况可以看出："维"字中间一撇上方的头部，像一个蘑菇形状；"共"字下横左下方多一个小点，撇的头部多一个 T 字形

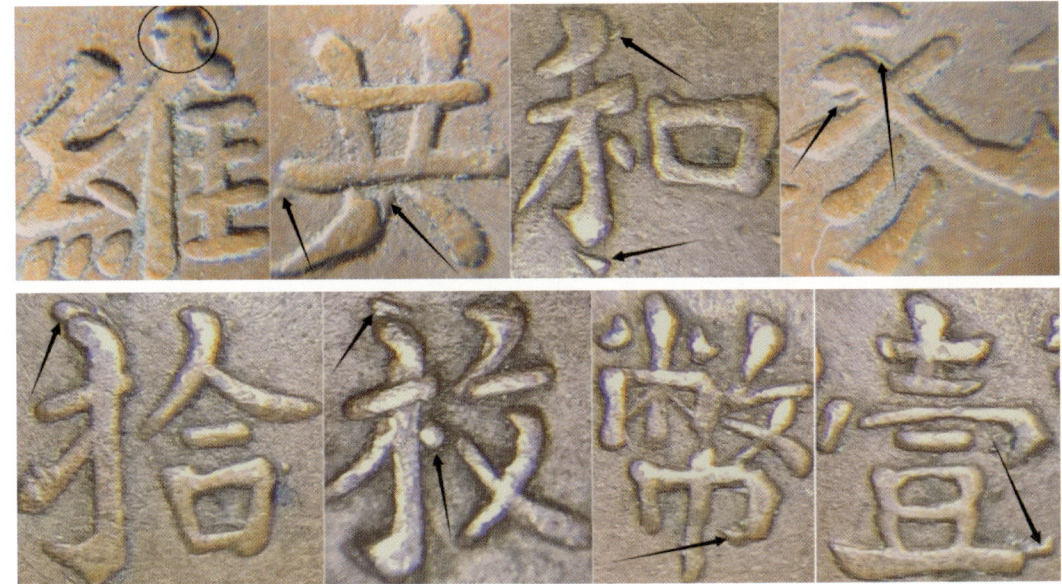

图 7　放大情况

点;"和"字上方多一个小椭圆点,下方多一个斜三角形点;"式"字点下方多一条弯形小短线,左边多一小横;"拾"字头上多一个帽子似的图案;"枚"字头上多一小横,一捺成了一个圆点;"币"的"巾"字多一个三角形点,这个三角形点的位置非常巧妙,刚好与"巾"的竖笔挨得非常近,很像竖的带笔钩,其他版式币都是直的,没有带钩;"壹"字的下方多一条小尾巴。

上述是"右中岛版"字体放大后的详细情况,各种详细特征比较复杂,一下子难以记住,在实际操作中有一定的难度。

为方便在市场交易时,能够比较快又比较准确地辨认"右中岛版"币,告诉大家一个最简单的办法,你只要记住"和字底下多一点,壹字有条小尾巴"两句话就行了,如图8所示。这是"右中岛版"两个最显著的特征,无须放大镜,肉眼就可以辨认清楚。凡是有这两个特征的,就是珍稀的"右中岛版"币,否则就不是。

图8 右中岛版显著特征

尽染大地红军红

在五彩斑斓的世界里，中国人对红色情有独钟：大凡有大事好事，中国人都喜欢都贴红纸，挂红布，系红带，铺红毯，戴红花。红色让人喜上眉梢，红色让人豪气干云，红色让人奋发向上！

古代文人对红色的偏爱之情更是跃然纸上。唐朝杜牧的"狂风落尽深红色"，宋朝舒岳祥的"徘徊最爱真红色"，贺铸的"诗人莫讶深红色"，元代刘秉忠的"雨余红色愈精神"……无不体现了他们对红色的追捧。

一代伟人毛泽东也酷爱红色。在一个秋高气爽的日子里，他独自伫立在橘子洲头，眺望着湘江碧水缓缓北流，看万千山峰逶迤蜿蜒，山野层林尽染，江水清澈澄碧，一艘艘大船乘风破浪，争先恐后。广阔的天空里鹰击长空，鱼戏碧波，万物都在秋光中生机盎然。毛泽东心中感慨：这苍茫大地的盛衰兴废，由谁来决定主宰呢？毛泽东回想过去和他的同学，经常携手结伴来到这里游玩。在一起商讨国家大事，那无数不平凡的岁月至今还萦绕在他的心头。同学们正值青春年少，风华正茂；大家踌躇满志，意气奔放，正强劲有力。评论国家大事，写出这些激浊扬清的文章，把当时那些军阀官僚看得如同粪土。可曾记得，那时在江水深急的地方游泳，激起的浪花几乎挡住了疾驰而来的船？一首大气磅礴的《沁园春·长沙》应景而生：

> 独立寒秋，湘江北去，橘子洲头。
> 看万山红遍，层林尽染；漫江碧透，百舸争流。
> 鹰击长空，鱼翔浅底，万类霜天竞自由。
> 怅寥廓，问苍茫大地，谁主沉浮？
> 携来百侣曾游，忆往昔峥嵘岁月稠。
> 恰同学少年，风华正茂；书生意气，挥斥方遒。
> 指点江山，激扬文字，粪土当年万户侯。
> 曾记否，到中流击水，浪遏飞舟？

毛泽东这首描写万山红色的词被人们广为传颂，词中"看万山红遍，层林尽染"的句子，又被画家李可染应用在水墨画上，在他创作的七幅《万山红遍》作品中，把红色表现得淋漓尽致，赢得了人们的喜爱，以至于在保利近现代书画夜场中，一幅画竟以

2.93亿元成交。

除了李可染，还有许多画家以毛泽东这首词为创作灵感，创作了不少红色作品，如师忠彦的《万山红遍　层林尽染》、徐树臣的《万山红遍　层林尽染》、俞雨华的《万山红遍》、李克成的《万山红遍》、徐天茂《万山红遍》、阮庆祥的《万山红遍》、陆俨少的《万山红遍》、刘二郎的《万山红遍》、赵进才的《万山红遍》、杨小灵的《万山红遍》，等等。

苏区发行流通的钱币中，也存在这种千般宠爱的红色：在中华苏维埃共和国国家银行印制发行的五分铜币中，有一种币表面包浆颜色呈现大红色，特别让人赏心悦目（图1）。由于土地革命战争时期，这种币只在红军部队与苏区群众内部使用，与红军息息相关，被红色货币收藏爱好者称为"红军红"。

图1　大红色的五分铜币

苏维埃铜币为什么会产生大红色包浆，让人匪夷所思。

四川一位红色收藏家认为：川陕苏区铜币（也包括布币、银币）有涂红现象，经考证，一是作为奖励给受功将士；二是慰问红军伤病员；三是红军或苏区老乡婚礼随的份子钱。川北陕南民俗有人结婚或生子，将钱币贴红或涂红表示喜庆红火的意思，这种习俗一直延续到今天，红包就是一种。

也有人认为，表面包浆为红色，是币胚胎物质成分的化学反应。苏区制作铜币胚胎使用的铜，是从老百姓家里收购来的杂铜，也有的是红军战士打仗时捡回来的子弹壳。这些原材料成分复杂，经过几十年的自然氧化反应，呈现多种多样的颜色，其中包括红色、黑色、黄色、绿色等。

我对化学反应不了解，无法解释苏区铜币不同颜色形成的真正原因。

但在收藏实践中，我知道红色的苏区铜币非常稀少，可遇不可求，只要拥有一枚，足以让人爱不释手、心情舒畅。

"红军红"的政治含义特别深厚，已经超出了铜币的范畴，红红的颜色附着在币面上，显得吉祥喜庆，光彩照人，活像一面红旗，一面用先烈鲜血染红的红旗，一面由红军高高举起的战无不胜的红旗!

看着"红军红",很容易让人想起井冈山上的星星之火是如何燎原,最后染红中华大地的。

在中国革命进入最艰难的年代,朱德带领南昌起义的部队,与毛泽东带领秋收起义的部队顺利会师,就是这么一点点星星之火,在黑暗中开始燃烧,红红的火焰照耀出一条适合中国革命的正确道路。

图2 井冈山革命根据地雕像

1929年毛泽东、朱德带领红四军转战赣南闽西,"红旗跃过汀江,直下龙岩上杭。收拾金瓯一片,分田分地真忙。"发动了几百万群众,建立了连片的中央革命根据地。

1931年11月,劳苦大众自己的民主政府——中华苏维埃共和国,在一片废墟中建立起来,让中国人民第一次看到了希望的曙光。在中国共产党领导下,苏区群众和红军英勇顽强、不怕牺牲、前仆后继地粉碎了国民党军队的多次"围剿"。在长征路上,粉碎了武装到牙齿的国民党军的围追堵截,完成了举世无双的二万五千里战略大转移,在陕北建立了新的革命根据地。

在抗日战争中,根据地军民团结,内外团结一致抗击日本帝国主义的侵略,保卫祖国河山,最终把侵略者赶出了中华大地。

在解放战争中,人民解放军用小米加步枪,打败国民党800万军队,推翻了国民党的反动统治,建立了新中国,中国人民从此站起来了!

在社会主义建设时期,人民军队保家卫国,维护人民生命财产安全,支援社会主义建设,立下了不可磨灭的功勋。

在建设中国特色社会主义新时代中，人民军队正在强军路上，昂首阔步向着中华民族伟大复兴目标奋勇前进！

红军就是这样在中国共产党领导下，高举红旗从小到大，从弱到强，从胜利走向胜利，直至红遍中华大地。

在贯彻落实党的二十大提出的奋斗目标之际，凝望具有光辉历史的"红军红"，更让人想起习近平总书记在庆祝中国共产党成立100周年之际，中共中央政治局6月25日下午进行第三十一次集体学习时的讲话："红色是中国共产党、中华人民共和国最鲜亮的底色。"红色资源是我们党艰辛而辉煌奋斗历程的见证，是最宝贵的精神财富。红色血脉是中国共产党政治本色的集中体现，是新时代中国共产党人的精神力量源泉。回望过往历程，眺望前方征途，我们必须始终赓续红色血脉，用党的奋斗历程和伟大成就鼓舞斗志、指引方向，用党的光荣传统和优良作风坚定信念、凝聚力量，用党的历史经验和实践创造启迪智慧，砥砺奋进，继往开来，开拓前进，把革命先烈流血牺牲打下的红色江山守护好、建设好，努力创造不负革命先辈期望、无愧于历史和人民的新业绩。

是啊！红色是吉祥的颜色、希望的颜色、历史的颜色、胜利的颜色，更是人民的颜色、党的颜色。红色的历史永远不能遗忘，红色的基因值得代代相传，红色的精神更应发扬光大，红色的江山必将千秋万代！

趣味币概述

"大齐通宝"有史料记载的只有两枚,一枚右上方缺一角,钱币界称之为"缺角大齐";另一枚钱上钻有四个小孔,被称为"四眼大齐"。它是中国古钱"五十名珍"之一。

据史料记载:"四眼大齐"是20世纪20年代钱币收藏家戴保庭在江西鄱阳农村孩童踢的毽子上发现的(也有一种说法是得于某杂货摊商人之手),此枚"大齐通宝"因为做毽子,被钻出四个小孔。这枚钱后来以500块大洋卖给了著名收藏家张叔驯。500块大洋大约可以折合成当时的4万斤大米,足够一个一般家庭好几年的开销,可谓当时"第一大漏"。张叔驯也因此自号"齐斋",可见这枚钱币的珍罕。据有人考证这枚钱币现存放在美国的一个基金会。

"缺角大齐"由清朝时期江南名士戴熙所藏。戴熙字醇士,谥号文节,工诗书,善绘画,喜金石。他将"缺角大齐"钱拓本首次在其泉学大作《古泉丛话》中予以披露,后世诸谱中"缺角大齐"均出于此。此钱也一直藏于戴熙手中,当时就有人愿以高价收买,戴熙不忍割爱。太平军攻进杭州,戴熙出于偏见投水自尽,死前将"大齐通宝"等物深埋地下。因为有这种传闻,据说后来戴氏老宅引起了许多古玩商关注,有人高价买下,掘地三尺,无果后又几经转卖,甚至连泥土都用细箩过筛,仍未见此钱,都是徒劳一场。其实,关于"缺角大齐"的去向,说法不一。有的人认为其已经深埋地下,而有的人认为其在程吴泉手中,因为程吴泉与戴熙有亲属关系,可猜程氏与此钱联系密切。也有传说,太平军攻破杭州城的时候,戴熙怀揣这枚稀世珍钱,投入钱塘江自杀。总之这枚稀世珍宝除拓片之外,至今没有任何人见过其真正的芳容。

我在中华苏维埃共和国五分铜币中也有一枚"缺角铜币"。那是十几年前在江西兴国县一个收藏者手里"一枪打"(收藏行话,意思是全部东西一起买)来的,当时购买26个中华苏维埃共和国五分铜币一共花费了600元人民币,平均每个大约23元。购买前我还特地把这枚缺掉一个角的铜币挑了出来,不准备要。可卖家不肯,几番唇枪舌剑无果而终,无可奈何地买下了。刚开始,我还以为这是一个人为故意毁坏的币。可当我用放大镜认真观察后才发现,其断口参差不齐,口沿有非常明显的流通痕迹和很自然的包浆。大家都知道,参差不齐的断口是不能被人工所为的,只能是一种自然断裂,完全可以排除人工作伪。按照逻辑推测，这个币在制作铜胚时就已经断裂，可能裂缝比较小，没有引起工人的注意，继续进行滚边、印花，直至出厂。在使用过程中这个裂缝断开了，掉下了近似一个三角块，成了现在这样的残缺币（图1）。那时候五分钱对于苏区的农民来说也不算小，加上苏区勤俭节约的风气，谁都不愿意把这个"缺角铜币"丢掉，照样在市场买卖中流转。究竟经过多少人之手才辗转到我这里，恐怕只有这个币自己才知道。

图1　74圆珠，连岛，左边22谷粒，右边20麦粒，重6.9克，直径26.5毫米

机制币制作流程与古钱币不一样，很少有缺胳膊少腿的现象，尤其是这种开裂现象。我们只见过阴阳币、合背币、移位币、叠打币等，没有见过这种开裂币。这种开裂币从胚胎时就开始裂缝，直到出厂流通，混过了道道关卡，已经很不容易了。掉了一大块还继续流通，辗转无数人之手还不愿意丢弃，更成为今古奇观。但从制币工艺、残次币流通历史以及存世状况看，它绝对是个孤品，是有极高收藏研究价值的。

与这个"缺角铜币"相似的还有一个"6＋1"币（图2、图3），这是一个非常特殊的趣味币：一是从图2的左边和图3看，两面都有谷穗，是个"合背币"；二是从图2和图3右下边看，图2右下边是阳文，图3右下边是阴文，是个"阴阳币"；三是图2与图3的谷穗不对称，角度移动了，是个"背逆币"；四是从图2右下方看，有两层马齿，第二次冲压时移位了，是个"移位币"；五是从图2右下方看，小五角星与"每"字之

图2　"6＋1"币之一　　　　　　图3　"6＋1"币之二

间有一条不规则线条,是破版造成的,是个破版币;六是从图2看右边是正面,左边是背面,从图3看右下方只有少数阴文和党徽图案,显然是压力不够造成的,所以又是"弱打币";另外,图2"每"字右下方还有一个凸起的小三角块,是什么原因造成的,谁都说不清楚,留下一个疑问。这个趣味币应该取什么名字很为难,有人建议取名为"6+1"币(即六个名称加一个疑问)。能取这个名字的币实属罕见,可能很难找到第二枚如此怪异的趣味币了。

2012年6月16日是个星期六,早上我起得比较迟,吃过早餐,我独自一人坐在沙发上,一边泡着茶一边翻看李年椿先生编著的《中央苏区货币文物图鉴》(中国金融出版社,1994年版),当看到第87页时,我愣住了,右下角一个"五分错版币"图不就是我去年已经买回来的那个吗?我赶紧取出这枚"6+1"币反复对照,果然就是此币!我心里想:这个币怎么在18年前就被人发现了?李年椿先生在编著这本书时,是他自己收藏的还是借用别人的图片?这枚币又经过多少人的手才辗转到了我这里?

这时候我想起了在网站上流传的这么一个故事:

有一个民国时期的老收藏家,潜心收藏多年,藏品非常丰富,自我感觉价值连城,临终前嘱托其后人悉心保管,不得随意拍卖。老藏家的后人不喜欢收藏,把老藏家的藏品视为破铜烂铁,不太愿意保管这些藏品。

在一次酒会上,老藏家的后人与新藏家认识了。新藏家生意做得很好,积蓄了不少财力,当时刚刚入门收藏界。老藏家的后人对新藏家的生活羡慕不已,新藏家对老藏家的藏品仰慕已久,双方由此越走越近。

新藏家有钱,经常请老藏家的后人吃饭聚会,目的其实很明确,收买老藏家的遗藏。老藏家的后人吃人家的嘴软,本来也不太喜欢这些藏品,便把老藏家的嘱托放在脑后了,慢慢开始向新藏家出售老藏家的东西。就这样大约过了两三年,藏品就被出售完了。

此时,老藏家的后人成了千万富翁,而新藏家的流动资金却越来越紧张,请客日渐少了,档次也有所降低,最后把自己的豪车也与老藏家后人交换古玩了。一日,旧貌换新颜的老藏家后人第一次请新藏家吃饭,档次很高。席间,老藏家的后人长长嘘了一口气说:"我终于完成了自己的心愿,把那堆破烂处理完了,成了有身份的富人,真是太高兴了。"新藏家说:"我也完成了自己的心愿,虽然现金少了很多,但我终于成为像你先辈那样的收藏家。"

收藏,也完成了一个轮回。这个轮回是多少年?30年?60年?谁也说不清楚。

我并没有诋毁这枚币原来主人的意思,只是说明一个现象:藏品在这个世界上只是短暂属于某个人的,藏品的流动是绝对的。这个币在18年前就已经出名了,我在这只不过是炒旧饭而已。

苏区时期，这种本应属于废品的东西，由于种种原因还是进入了流通领域，是极其罕见的。就像要在第五套人民币中找到一张中国人民银行"人"字中间分开的币不容易一样，要在中华苏维埃共和国五分铜币中找到错误这么明显的残次币非常难！别看这些币不起眼，收藏人追求珍、稀、奇、趣是不容置疑的规律。试想，还有谁能找到这样的币来"PK"一下呢？

其实，五分铜币还真有不少趣味币。我们来看看：

一是"阴阳版币"（图4、图5）。产生"阴阳版币"的主要原因是，在印花过程中，由于工人疏忽，前面印花已经完成的币忘记取出来，又放上一个铜胚进行印花，两个币叠在一起。所以，后面印制出来的这个币凹进去同一图案的阴面。

图4　正面"阴阳版币"

图5　背面"阴阳版币"

二是"合背币"（图6）。产生"合背币"的原因是，印花工人拿错印花钢模。本来应该是一正一背钢模才能生产一个币，但工人拿成两个都是背面（或者正面）的钢模，生产出来的币就变成正、背面同一图案的币。

图 6 "合背币",有一面还移位 45 度复打

三是"叠打币"(图 7)。产生"叠打币"的原因是,两次印花。第一次印花完成之后,工人错误认为没有印好,第二次印花又转动了钢模角度,故而产生图案重叠现象。

图 7 "叠打币",正面平面移位复打,形成 106 个珠环,三个五角星

四是"破版币"。产生"破版币"的原因是,用于印花的钢模,由于钢材质量不好,很容易破裂。在还没有完全破裂之前,可能工人没有发现,印制了有部分破裂而形成的超出原来设计的图案,成为有趣的币。

图 8 币的右上方多了一条很粗的线条,上与边齿连在一起,下与麦叶连接在一起。从上连边齿处可以看出,这个钢模快崩塌了,马齿都往外移动了。

图 8 右上连边版

五是"星伴月版币"。

图9这个币，背面五角星右上方莫名其妙地多了个凸起的圆形图案。这个凸起的圆圈并非是正常图案的花纹，完全是多余的。我们知道，机制币凸起的阳纹图案，不可能在印花完成之后形成，应该是印花时与正常花纹一起完成的。也就是说，印花钢模上就有了这个圆圈图案，只有在钢模上有阴刻图案，印制出来的币才会有凸起的图案。钢模雕刻师是不会故意雕刻这么一个与正常花纹毫无联系的圆圈的，完全可以排除人为因素。所以，这个凸起的圆圈图案让人难以理解，不知道是怎样产生的，有待今后研究。

图9　"星伴月版币"

假 币 辨 析

防假、反假、打假，古今中外都非常重视，尤其是在货币问题上，各种措施层出不穷。由于高额利润的诱惑，又总是有人"前仆后继"，所以，反假工作永远在路上。

中华苏维埃共和国国家银行自1932年2月1日成立后，便紧锣密鼓地筹划发行自己的流通货币。同年7月，在中国共产党成立11周年喜庆的日子，国家银行工作的同志不辱使命，终于发行了自己设计、印制的中华苏维埃共和国国家银行纸币和银币。1934年2月，又发行了一分和五分铜币。由于这种红色货币信用很好，币值稳定，很快便在人民群众中广为流通，当地群众亲切地称苏维埃国家银行发行的纸币为"红票""红币""红军币"。

与古今中外货币发行历史一样，中华苏维埃共和国国家银行流通货币发行以后不久，市面上就出现了假币。1933年2月江西寻乌县苏维埃政府发现该县市面上流通着从国民党统治区偷运进来的铜质镀银的假苏维埃银毫子，当即命令所属各级苏维埃政府严密查处，发出了《关于严密检查假造苏维埃毫子的反革命行动》的第一号密令。1934年，在于都、瑞金、胜利、兴国、赣县等地，又先后发现了铜质镀银的假苏维埃银毫子流通于市面，江西省苏维埃政府又及时发出了《关于贰角的银币问题》的第十一号布告，公开识别真假银毫子的方法。1934年三四月间，福建连城县林坊区的林朋映、林积记一起用木刻印版印制苏维埃一元假纸币。永定县反动"团总"阚渭明，妄想藏匿长汀县汀州城里伪造的苏维埃币，扰乱苏区的金融市场，这一干人均被福建省苏维埃政府政治保卫局及时查获，并在汀州文庙召开宣判大会，有力打击了制假之人。

改革开放以后，我们国家把工作重点转移到经济建设上，人民群众的生活水平不断提高。部分富裕起来的人从20世纪90年代开始，陆陆续续走入了收藏品市场。已经完成历史使命的中华苏维埃共和国国家银行流通货币，作为一种收藏品，随着人们喜欢程度的高涨，市场交换价格不断攀升。以中华苏维埃共和国五分普通品相铜币为例，2000年收藏品市场交易价格是10元左右一个，2005年是80元左右，2021年年底是1 500元左右。21年间涨了150倍。由于经济利益的驱使，一些人走上了制假贩假的道路，大量制造和销售假币坑害收藏者，谋求不正当利益。

上述两种造假情况虽然性质不同。前者扰乱了苏区的金融市场，破坏了苏区的经济建设，后者扰乱了收藏品市场，破坏了藏品交易的道德信用。但造假者最终目的都是一样，就是利己害人，这是极其不道德的行为，也是为法律所打击的行为，我们要擦亮眼睛揭发造假售假之人。

为使广大苏维埃钱币收藏爱好者提高鉴别水平，尽量避免上当受骗，现将目前市场上出现的假五分币特征和辨伪方法作一介绍，意在抛砖引玉，以达共同提高的目的。

五分假铜币在20世纪90年代就出现过，那时候造假技术比较差。如图1这个假币，很容易看出是假的，形状怪异，尤其是背面的图案，根本不像谷穗和麦穗的样子。

图1　假币1

图2这个假币，正面的国名和兑换说明的字的笔画没有笔锋，圆滚滚的很呆板。背面的谷粒与麦粒没有层次感，尤其是谷芒和麦芒都很粗。图1、图2这两个假币都是20世纪90年代以前手工雕模制作的，比较容易辨认。

图2　假币2

有一种币，现在钱币收藏界大多都认为是1960年美国制作的（图3）。究竟是谁制作的没人提供文献资料记载来证明，到目前为止还没有发现其母版币。研究发现，这种币整个图形是仿制图谱2币至图谱11币正面的图案，但仿得还有差距，"式"字的点没有开叉；圆珠的个数也不同，多出了4个圆珠，变成了有71个圆珠的连岛版。这种币如果是新的，比较容易辨认，黄亮黄亮的。但如果人为磨损一下，加上包浆，辨认就有一定的难度。图3左边是没有流通痕迹的新币，图3右边是加工过的币。这种币辨认的方法有三个最主要的地方：一是兑换说明的"币"字下方的马齿有两个挨得很近，且左短右长。二是"拾"字上方的圆珠有两个也挨得比较近。三是"式"字的点没有开叉。

图 3　新币和加工币

用于五分铜币印花的钢模，当年是手工雕刻的，所以印制出来的币具有历史痕迹。进入 21 世纪，电脑技术的广泛应用，也被制作假币的人用上了。由于现在做包浆的技术比较成熟，电脑雕刻钢模印制出来，再做上包浆的五分假币，确实让人难以辨认。还好，目前有两个方面的技术，制假人员还没有突破：一是铜币的边齿制作，二是如何处理"同模伤"（币的小伤痕处在相同位置上）的问题。

五分铜币的边齿当年是与正面和背面印花同时完成的，也就是说边齿是"印出来"的。当时印制五分铜币使用了三个工具，除了正面、背面钢模，还有一个套在两个钢模之间的钢环，边齿刻在钢环上。边齿的形成是依赖正面和背面钢模对币坯的碾压，迫使币胚向周围扩展，在碰到钢环时形成边齿。由于那时候制币工人印花使用的是手工螺旋机械压力，大部分都未达到压力要求。所以，中华苏维埃共和国五分铜币的边齿很少有圆满的。这就是收藏界大家常说的五分铜币没有几个是全边齿的真正原因。

现代制作假币的方法就不同了。现代制作假币的地方我去看过，使用的是 20 吨压力机，把正面、背面钢模安装在左右两边，在印花的同时转动两边的钢模和币胚，上方是一个打制边齿的工具，转动的速度与打印的速度固定比例，一个一个把齿模打在币边沿（图 4）。

图 4　假币边图

目前，电脑版假币有如下几种：

图 5 这种电脑版假币，正面 77 圆珠，小套岛，式字点对国字，短锤。背面左边 22 谷粒 877 排列，右边 20 麦粒 677 排列，小"刀""分"字，右上结带右边线条特别细。这个币的破绽是四处"同模伤"：正面右下方有条弯形线条；左边无麦芒小线；背面左上方无马齿；右下方麦叶有个凹陷。凡是有这 4 个特征的都是新仿假币。

图 5　电脑版假币 1

图 6 这种电脑版假币，正面 72 圆珠，右歪近岛，左右两边都歪星，122 马齿。背面左边 22 谷粒 877 排列，右边 20 麦粒 677 排列，左上结带离结芯，禾叶左低右高，104 马齿。这个币的破绽是三处"同模伤"：正面下方有条弯形线条；背面麦穗下方和"分"字右上方各有个凹陷，右下方麦秆有凸线跨多条麦秆。凡是有这 3 个特征的都是新仿假币。

图 6　电脑版假币 2

图 7 这种电脑版假币，正面 72 圆珠，无岛，118 马齿。背面左边 22 谷粒 877 排列，右边 21 麦粒 777 排列，左上与右下结带特别长且右下结带开叉，103 马齿。这个币的破绽是四处"同模伤"：正面右边五角星与"每"字间有一条细线相连；地图上方线条中有个小凹陷；背面麦穗上方和下方第 2 个麦粒有个小凹陷；右上方有个小凹陷。凡是有这 4 个特征的都是新仿假币。

图 7　新的版式假币

图 8 这种电脑版假币，正面 72 圆珠，大套岛，"式"字点对"中"字，108 马齿。左边 22 谷粒 877 排列，右边 20 麦粒 677 排列，左上结带离开结芯，禾叶左低右高，104 马齿。这个币的破绽是五处"同模伤"：正面国字左边有个小凹陷；右边圆珠旁有个小凹陷；7 点到 8 点处因移位无马齿；背面麦穗下方和"分"字右上方各有凹陷；右下方麦秆有凸线跨麦秆。这个新仿币的背面实际上与图 6 是同一个。凡是有这五个特征的都是假币。

图 8　电脑版假币 3

现在电脑雕模非常简单，成本也不高，包浆技术也很成熟，假币防不胜防，制作速度也很快，希望红色货币收藏爱好者提高警惕。

中华苏维埃共和国五分铜币版式图谱

图谱编制说明

1. 本图谱是以印制五分铜币雕刻钢模为主线的版式分类图谱。极少量采用同一钢模的衍生币图片，主要是考虑到大家对该版式有较高的认同度，并且在版式后面加括号说明。

2. 本图谱共收入原钢模版式币167种，其编号顺序是按照"圆珠由少到多""岛图由远到近""谷、麦穗粒由少到多"原则的。第一步分类是根据珠圈中小圆珠的个数，圆珠从62、67、69、71、72、73、74、75、76、77、78、79、80珠，分为13个系列。第二步分类是在每个系列内按照远岛、中岛、近岛、连岛、套岛、无岛顺序分类。第三步分类是在第二步分类下进行的背面图案分类。背面图案按照左边谷穗的谷粒数（21、22、23粒）由少到多分类；右边按照麦穗的麦粒数（19、20、21、22粒）由少到多分类。第四步分类是在上述三步分类之后，进行的各种不同版式的比较，从而确定最终版式并且进行编号登记。

3. 本图谱标识的"小套岛"指的是大陆图插入海南岛只有一点点；"大套岛"指的是大陆图插入海南岛大约有一半。一般只在相同圆珠数之内，存在大、小套岛情况才进行的这种小分类，除此之外，统称为"套岛"。个别比较特殊的版式币作了名称标注，如"62珠版"。

4. 查找手中币编号，只要数清楚正面圆珠个数，看清楚什么岛图，在目录中找到图谱相应页码之后，进行简单比对，就可以确认币的编号了。

5. 本图谱没有对每个币的重量、直径、厚度进行标识，主要考虑到这些数据与版式的区分没有必然的联系，因为相同版式币中，币的轻重、大小、厚薄各不相同。一般情况是币重7克、直径26毫米、厚度1.8毫米左右。

6. 由于固定了目前所发现的167种原钢模版式币编号，若以后再发现图谱之外新的版式，可列入"出谱01、02、03……"进行编号，不再按第2条说明编号。

7. 本图谱使用五角星标注各种版式币的珍稀程度，分为一颗至五颗五角星，五角星越多表示越珍稀。珍稀程度是根据各种版式币的存世量及市场交易情况，按照逻辑推理得出的，目的只是方便收藏，仅供参考。

图谱 01 币、62 圆珠，连岛（62珠版）

正　面：62个圆珠，连岛，"苏"字捺连"华"字上横，105马齿。这种币正面只有一种背面。

背　面：与图谱05、12、58币背面相同，左边22谷粒877排列，右边20麦粒677排列，狭"刀"分字，98马齿。

珍稀程度：★★★★★

图谱 02 币、67 圆珠，连岛（小 777 谷粒版）

正　面： 67 个圆珠，连岛，"式"字点开叉并对左星，96 马齿。此种正面有十种不同背面。

背　面： 第一种，与 51 币背面相同，左边 21 谷粒（小谷穗）777 排列，右边 21 麦粒 777 排列，稻穗比较小，103 马齿。

珍稀程度： ★★★

图谱 03 币、67 圆珠，连岛

正　面：与 02 币正面相同，67 个圆珠，连岛，"弎"字点开叉并对左星，96 马齿。

背　面：第二种，与 55 币背面相同，左边 22 谷粒 877 排列，右边 20 麦粒 677 排列，"五"字上半部分比较短，右下结带开口比较宽，107 马齿。

珍稀程度：　★

图谱 04 币、67 圆珠，连岛

正　面：与 02 币正面相同，67 个圆珠，连岛，"弍"字点开叉并对左星，96 马齿。

背　面：第三种，左边 22 谷粒 877 排列，右边 20 麦粒 677 排列，"分"字的"刀"比较小，上方两个结带比较长，右下结带为三角形，97 马齿。

珍稀程度：★★

图谱 05 币、67 圆珠，连岛

正　面：与 02 币正面相同，67 个圆珠，连岛，"式"字点开叉并对左星，96 马齿。

背　面：第四种，与 01、12、58 币背面相同，左边 22 谷粒 877 排列，右边 20 麦粒 677 排列，"狭刀""分"字，98 马齿。

珍稀程度：★★★

图谱06 币、67圆珠，连岛

正　面：与02币正面相同，67个圆珠，连岛，"式"字点开叉并对左星，96马齿。

背　面：第五种，左边22谷粒877排列，右边20麦粒677排列，左下结带的横出头，106马齿。

中华苏维埃共和国五分铜币版式图谱

珍稀程度：★★★

图谱 07 币、67 圆珠，连岛（连岛弯撇版）

正　面：与 02 币正面相同，67 个圆珠，连岛，"式"字点开叉并对左星，96 马齿。

背　面：第六种，与 53 币背面相同，左边 22 谷粒 877 排列，右边 20 麦粒 677 排列，"分"字"刀"的撇特别弯曲，并且下方开叉，102 马齿。

珍稀程度：★★★★

图谱 08 币、67 圆珠，连岛

正　面：与 02 币正面相同，67 个圆珠，连岛，"式"字点开叉并对左星，96 马齿。

背　面：第七种，左边 22 谷粒 877 排列，右边 20 麦粒 677 排列，四个结带比较细长，"分"字的"刀"平头，109 马齿。

珍稀程度：★★

图谱 09 币、67 圆珠,连岛

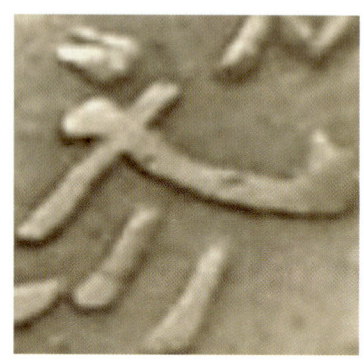

正　面:与 02 币正面相同,67 个圆珠,连岛,"式"字点开叉并对左星,96 马齿。

背　面:第八种,左边 22 谷粒 877 排列,右边 20 麦粒 677 排列,"分"字"刀"的横比较斜,右上结带的横比较平,108 个马齿。

珍稀程度:★★★★

图谱 10 币、67 圆珠，连岛

正　面：与 02 币正面相同，67 个圆珠，连岛，"式"字点开叉并对左星，96 马齿。

背　面：第九种，与 19、24、42、81 币背面相同，左边 22 谷粒 877 排列，右边 21 麦粒 777 排列，左上与右下结带特别长且右下结带开叉，103 马齿。

中华苏维埃共和国五分铜币版式图谱

珍稀程度：　★

图谱 11 币、67 圆珠，连岛（8 谷粒版）

正　面：与 02 币正面相同，67 个圆珠，连岛，"式"字点开叉并对左星，96 马齿。

背　面：第十种，左边 23 谷粒 878 排列，右边 20 麦粒 677 排列，谷穗右边 8 谷粒，101 马齿。

珍稀程度：★★★★★

图谱 12 币、67 圆珠，套岛

正　面：67 个圆珠，套岛，长锤，连口"当"字，"式"字点对"共"字，111 马齿。这种正面只有一种背面。

背　面：与 01、05、58 币背面相同，左边 22 谷粒 877 排列，右边 20 麦粒 677 排列，"狭刀""分"字，98 马齿。

珍稀程度：★★

图谱 13 币、69 圆珠，小套岛

正　　面：69 个圆珠，小套岛，"式"字点对左五角星，107 马齿。这种正面只有一种背面。

背　　面：与 27、46、66、103、111、135 币背面相同，左边 23 谷粒 878 排列，右边 21 麦粒 777 排列，谷穗下方有一个小谷粒，110 马齿。

珍稀程度：★

图谱 14 币、71 圆珠，小套岛（歪锤齿轮版）

正　面：71 个圆珠，小套岛，"式"字点对"埃"字，歪锤，108 马齿。此种正面有五种不同背面。

背　面：第一种，与 67、74、126、136、144 币背面相同，左边 22 谷粒 877 排列，右边 20 麦粒 677 排列，"分"字左边弯形齿轮印，左下结带三角形，109 马齿。

珍稀程度：★★★★

图谱 15 币、71 圆珠，小套岛（套岛右连带版）

正　面：与 14 币正面相同，71 个圆珠，小套岛，"弎"字点对"埃"字，歪锤，108 马齿。

背　面：第二种，左边 22 谷粒 877 排列，右边 20 麦粒 677 排列，左上结带三角形，右边结带线相连接，106 马齿。

珍稀程度：★★★★

图谱 16 币、71 圆珠，小套岛

正　面：与 14 币正面相同，71 个圆珠，小套岛，"式"字点对"埃"字，歪锤，108 马齿。

背　面：第三种，左边 22 谷粒 877 排列，右边 20 麦粒 677 排列，四个结带口较宽，左边两个结带线相连，108 马齿。

珍稀程度：★★★

图谱17币、71圆珠,小套岛(套岛下撇刀版)

正　面:与14币正面相同,71个圆珠,小套岛,"式"字点对"埃"字,歪锤,108马齿。

背　面:第四种,与100、129币背面相同,左边22谷粒877排列,右边20麦粒677排列,"刀"字的撇在横笔的下方,下禾叶与结带不相连,109马齿。

珍稀程度:★★★★

图谱18币、71圆珠，小套岛

正　面：与14币正面相同，71个圆珠，小套岛，"式"字点对"埃"字，歪锤，108马齿。

背　面：第五种，与26、35币背面相同，左边22谷粒877排列，右边20麦粒677排列，上方两个结带特别长，两边结带相交，111马齿。

珍稀程度：★★★

图谱 19 币、71 圆珠，套岛

正　面：71 个圆珠，套岛，"式"字点对"壹"字，地图内左边有小线条，129 马齿。这种正面只有一种背面。

背　面：与 10、24、42、81 币背面相同，左边 22 谷粒 877 排列，右边 21 麦粒 777 排列，左上与右下结带特别长且右下结带开叉，103 马齿。

珍稀程度：★

图谱 20 币、72 圆珠，中岛（中岛歪芯版）

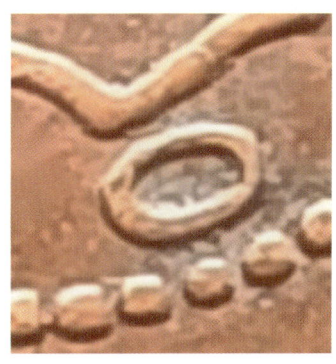

正　面：72 个圆珠，右中岛，仰锤，122 马齿。此种正面有两种不同的背面。

背　面：第一种，与 88 币背面相同，左边 22 谷粒 877 排列，右边 20 麦粒 677 排列，右上结带离结芯，歪结芯，120 马齿。

珍稀程度：★★★★★

图谱 21 币、72 圆珠，中岛（中岛内线版）

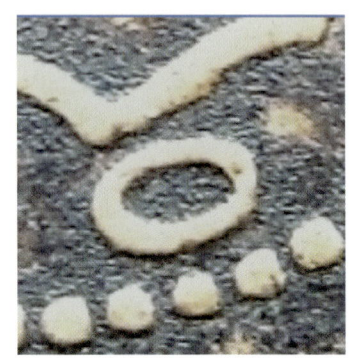

正　面：与 20 币正面相同，72 个圆珠，右中岛，仰锤，122 马齿。

背　面：第二种，与 25、87 币背面相同，左边 22 谷粒 877 排列，右边 20 麦粒 677 排列，右上结带的横较平，左下结带内有条小线，119 马齿。

珍稀程度：★★★★★

图谱 22 币、72 圆珠，近岛（断谷版）

正　面：72 个圆珠，右歪近岛，左、右两边都歪星，122 马齿。此种正面有 4 种不同背面。

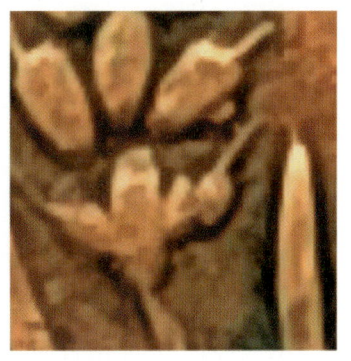

背　面：第一种，左边 22 谷粒 877 排列，右边 20 麦粒 677 排列，四个结带都呈三角形，下方三点暗记小圆点，谷穗下方右边谷粒断裂，107 马齿。

珍稀程度：★★★★★

图谱 23 币、72 圆珠，近岛

正　面：与22币正面相同，72个圆珠，右歪近岛，左、右两边都歪星，122马齿。

背　面：第二种，与44币背面相同，左边22谷粒877排列，右边20麦粒677排列，四个结带比较均匀，左下禾叶开叉，112马齿。

珍稀程度：★

图谱 24 币、72 圆珠，近岛

正　面：与 22 币正面相同，72 个圆珠，右歪近岛，左、右两边都歪星，122 马齿。

背　面：第三种，与 10、19、42、81 币背面相同，左边 22 谷粒 877 排列，右边 21 麦粒 777 排列，左上与右下结带特别长且右下结带开叉，103 马齿。

珍稀程度：★★

图谱 25 币、72 圆珠，近岛（歪星内线版）

正　面：与 22 币正面相同，72 个圆珠，右歪近岛，左、右两边都歪星，122 马齿。

背　面：第四种，与 21、87 币背面相同，左边 22 谷粒 877 排列，右边 20 麦粒 677 排列，右上结带的横较平，左下结带内有条小线，119 马齿。

珍稀程度：★★★★★

图谱 26 币、72 圆珠，连岛

正　面：72 个圆珠，连岛，竖"国"字，两边右歪星，长锤，109 马齿。此种正面有 2 种不同背面。

背　面：第一种，与 18、35 币背面相同，左边 22 谷粒 877 排列，右边 20 麦粒 677 排列，上方两个结带特别长，两边结带相交，111 马齿。

珍稀程度：★★★

图谱 27 币、72 圆珠，连岛（竖国小谷版）

正　面：与 26 币正面相同，72 个圆珠，连岛，竖"国"字，两边右歪星，长锤，109 马齿。

背　面：第二种，与 13、46、66、103、111、135 币背面相同，左边 23 谷粒 878 排列，右边 21 麦粒 777 排列，谷穗下方有一个小谷粒，110 马齿。

珍稀程度：★★★★

图谱 28 币、72 圆珠，小套岛（套岛 6 谷版）

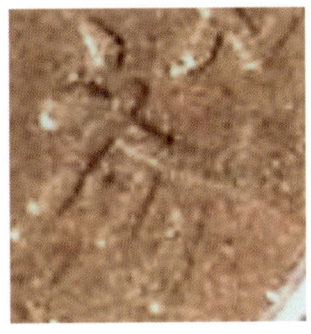

正　面：72 个圆珠，小套岛，"式"字点对"维"字，106 马齿。此种币正面有 4 种不同的背面版式。

背　面：第一种，与 131、148 币背面相同，左边 21 谷粒（大谷穗）876 排列，右边 20 麦粒 677 排列，谷穗右边一排 6 个谷粒，109 马齿。

珍稀程度：★★★★★

图谱 29 币、72 圆珠，小套岛

正　面：与 28 币正面相同，72 个圆珠，小套岛，"弍"字点对"维"字，106 马齿。

背　面：第二种，与 96 币背面相同，左边 22 谷粒 877 排列，右边 20 麦粒 677 排列，"分"字较高，右上结带的横右斜，108 马齿。

珍稀程度：★

图谱 30 币、72 圆珠，小套岛（套岛出头版）

正　面：与 28 币正面相同，72 个圆珠，小套岛，"式"字点对"维"字，106 马齿。

背　面：第三种，与 95、150 币背面相同，左边 22 谷粒 877 排列，右边 20 麦粒 677 排列，左上结带出头，105 马齿。

珍稀程度：★★★★

图谱 31 币、72 圆珠，小套岛

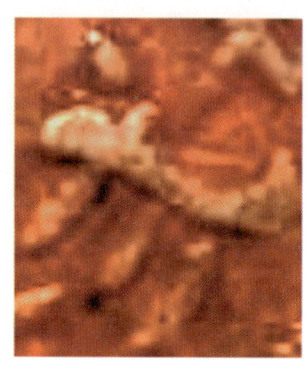

正　面：与 28 币正面相同，72 个圆珠，小套岛，"弍"字点对"维"字，106 马齿。

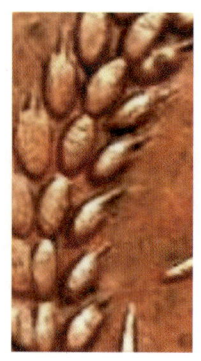

背　面：第四种，左边 22 谷粒 877 排列，右边 20 麦粒 677 排列，四个结带比较均匀，右边谷粒双谷芒，108 马齿。

珍稀程度：★★

图谱 32 币、72 圆珠，大套岛（5 杆版）

正　面：72 个圆珠，大套岛，"弌"字点对"中"字，108 马齿。此种正面有 9 种不同背面。

背　面：第一种，左边 22 谷粒 877 排列，右边 20 麦粒 677 排列，花结两边都是 5 条杆，110 马齿。

珍稀程度：★★★

图谱33币、72圆珠,大套岛

正　面：与32币正面相同,72个圆珠,大套岛,"弍"字点对"中"字,108马齿。

背　面：第二种,左边22谷粒877排列,右边20麦粒677排列,左边两个结带较宽,"分"字捺接近"五"字上横,105马齿。

珍稀程度:★★

图谱 34 币、72 圆珠，大套岛

正　面：与32币正面相同，72个圆珠，大套岛，"弍"字点对"中"字，108马齿。

背　面：第三种，左边22谷粒877排列，右边20麦粒677排列，左上结带离开结芯，内禾叶左低右高，104马齿。

中华苏维埃共和国五分铜币版式图谱

珍稀程度：★

图谱35币、72圆珠，大套岛

正　面：与32币正面相同，72个圆珠，大套岛，"式"字点对"中"字，108马齿。

背　面：第四种，与18、26币背面相同，左边22谷粒877排列，右边20麦粒677排列，上方两个结带特别长，两边结带相交，111马齿。

珍稀程度：★★★

图谱 36 币、72 圆珠，大套岛

正　面：与 32 币正面相同，72 个圆珠，大套岛，"式"字点对"中"字，108 马齿。

背　面：第五种，左边 22 谷粒 877 排列，右边 20 麦粒 677 排列，右下结带开口像个钩子，106 马齿。

珍稀程度：★★★

图谱37币、72圆珠，大套岛

正　面：与32币正面相同，72个圆珠，大套岛，"弍"字点对"中"字，108马齿。

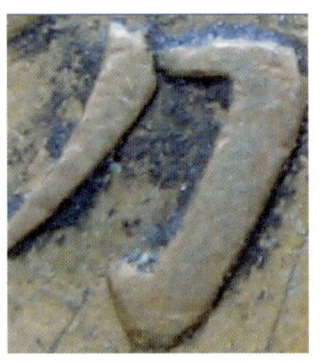

背　面：第六种，左边22谷粒877排列，右边20麦粒677排列，"分"字"刀"的撇超过横，右上结带的横下斜，104马齿。

珍稀程度：★★

图谱 38 币、72 圆珠，大套岛（套岛长叶版）

正　面：与 32 币正面相同，72 个圆珠，大套岛，"式"字点对"中"字，108 马齿。

背　面：第七种，左边 22 谷粒 877 排列，右边 20 麦粒 677 排列，下方两边禾叶较长，106 马齿。

珍稀程度：★★★★

图谱 39 币、72 圆珠，大套岛

正　面：与 32 币正面相同，72 个圆珠，大套岛，"弍"字点对"中"字，108 马齿。

背　面：第八种，与 142 币背面相同，左边 22 谷粒 877 排列，右边 20 麦粒 677 排列，左上结带特别宽大且出头，右上麦粒两条麦芒，107 马齿。

珍稀程度：★★★

图谱 40 币、72 圆珠，大套岛（套岛翘撇版）

正　面：与 32 币正面相同，72 个圆珠，大套岛，"式"字点对"中"字，108 马齿。

背　面：第九种，与 102 币背面相同，左边 22 谷粒 877 排列，右边 20 麦粒 677 排列，"分"字的第一撇较弯曲且离禾叶较远，两边禾页与结带不相连，106 马齿。

珍稀程度：★★★★

图谱 41 币、72 圆珠，无岛

正　　面：72 个圆珠，无岛，118 马齿。此种正面有 2 种不同背面。

背　　面：第一种，左边 22 谷粒 877 排列，右边 20 麦粒 677 排列，三个结带的角不整洁，105 马齿。

珍稀程度：★★★★

图谱42 币、72 圆珠，无岛

正　面：与41币正面相同，72个圆珠，无岛，118马齿。

背　面：第二种，与10、19、24、81币背面相同，左边22谷粒877排列，右边21麦粒777排列，左上与右下结带特别长且右下结带开叉，103马齿。

珍稀程度：★★★★

图谱43币、73圆珠，近岛

正 面：73个圆珠，近岛，岛偏右，两边五角星平整，119马齿。此种正面有3种不同背面。

背 面：第一种，左边22谷粒877排列，右边20麦粒677排列，右上中间麦粒两条麦芒，四个结带比较均匀且开口都较大，119马齿。

珍稀程度：★

图谱 44 币、73 圆珠，近岛

正　面：与43币正面相同，73个圆珠，近岛，岛偏右，两边五角星平整，119马齿。

背　面：第二种，与23币背面相同，左边22谷粒877排列，右边20麦粒677排列，四个结带比较均匀，左下禾叶开叉，112马齿。

珍稀程度：★

中华苏维埃共和国五分铜币版式图谱

图谱45币、73圆珠,近岛

正　面：与43币正面相同,73个圆珠,近岛,岛偏右,两边五角星平整,119马齿。

背　面：第三种,左边22谷粒877排列,右边20麦粒677排列。结芯特别漂亮,110马齿。

珍稀程度：★★★

图谱 46 币、73 圆珠，连岛

正　面：73 个圆珠，连岛，铁锤特别长，"式"字点对"国"字，109 马齿。这种正面只有 1 种背面。

背　面：与 13、27、66、103、111、135 币背面相同，左边 23 谷粒 878 排列，右边 21 麦粒 777 排列，谷穗下方有一个小谷粒，110 马齿。

珍稀程度：　★

图谱 47 币、73 圆珠，套岛

正　面：73 个圆珠，套岛，铁锤与镰刀柄较近，两边五角星右歪，107 马齿。此种正面有 4 种不同背面。

背　面：第一种，与 99、122、147、166、167 币背面相同，左边 22 谷粒 877 排列，右边 20 麦粒 677 排列，大头花结，结芯有多个圆点，100 马齿。

珍稀程度：★★

图谱 48 币、73 圆珠，套岛

正　面：与 47 币正面相同，73 个圆珠，套岛，铁锤与镰刀柄较近，两边五角星右歪，107 马齿。

背　面：第二种，与 118 币背面相同，左边 22 谷粒 877 排列，右边 20 麦粒 677 排列，"分"字内有点，右上结带三角形未封口，104 马齿。

珍稀程度：★★

中华苏维埃共和国五分铜币版式图谱

图谱49币、73圆珠，套岛（套岛上撇刀版）

正　面：与47币正面相同，73个圆珠，套岛，铁锤与镰刀柄较近，两边五角星右歪，107马齿。

背　面：第三种，与75币背面相同，左边22谷粒877排列，右边20麦粒677排列，下方两个结带角较尖，"刀"的撇超过横，104马齿。

珍稀程度：★★★★

图谱 50 币、73 圆珠，套岛（平刀三长芒版）

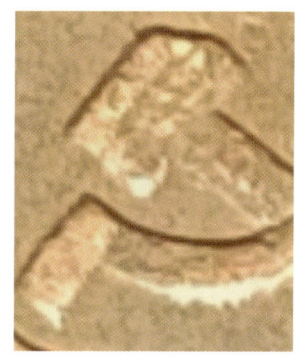

正　面：与 47 币正面相同，73 个圆珠，套岛，铁锤与镰刀柄较近，两边五角星右歪，107 马齿。

背　面：第四种，左边 22 谷粒 877 排列，右边 20 麦粒 677 排列，"分"字"刀"的撇与横平行，右下三条麦芒特别长。

珍稀程度：★★★★

中华苏维埃共和国五分铜币版式图谱

图谱 51 币、74 圆珠，近岛（小 777 谷粒版）

正　面：74 个圆珠，近岛，高"币"字，111 马齿。此种正面有 9 种不同背面。

背　面：第一种，与 02 币背面相同，左边 21 谷粒（小谷穗）777 排列，右边 21 麦粒 777 排列，稻穗比较小，103 马齿。

珍稀程度：★★★

图谱 52 币、74 圆珠，近岛（长芒版）

正　面：与 51 币正面相同，74 个圆珠，近岛，高"币"字，111 马齿。

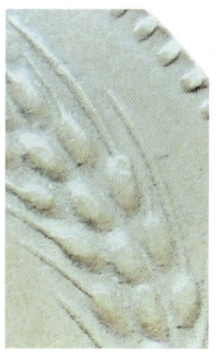

背　面：第二种，左边 22 谷粒 877 排列，右边 20 麦粒 677 排列，右边麦芒有两条特别长，106 马齿。

珍稀程度：★★

图谱53 币、74 圆珠，近岛（近岛弯撇版）

正　面：与 51 币正面相同，74 个圆珠，近岛，高"币"字，111 马齿。

背　面：第三种，与 07 币背面相同，左边 22 谷粒 877 排列，右边 20 麦粒 677 排列，"分"字"刀"的撇特别弯曲，并且下方开叉，102 马齿。

珍稀程度：★★★★

图谱 54 币、74 圆珠，近岛

正　面：与 51 币正面相同，74 个圆珠，近岛，高"币"字，111 马齿。

背　面：第四种，左边 22 谷粒 877 排列，右边 20 麦粒 677 排列，小五角星，左上结带较细长，麦芒较短，106 马齿。

中华苏维埃共和国五分铜币版式图谱

珍稀程度： ★★

图谱 55 币、74 圆珠，近岛

正　面：与 51 币正面相同，74 个圆珠，近岛，高"币"字，111 马齿。

背　面：第五种，与 03 币背面相同，左边 22 谷粒 877 排列，右边 20 麦粒 677 排列，"五"字上半部分比较短，右下结带开口比较宽，107 马齿。

珍稀程度：★★

图谱 56 币、74 圆珠,近岛

正　面:与 51 币正面相同,74 个圆珠,近岛,高"币"字,111 马齿。

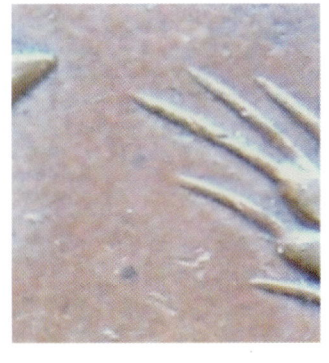

背　面:第六种,左边 22 谷粒 877 排列,右边 20 麦粒 677 排列,五角星上角较小,上方中间两条麦芒较短,"五"字底横上翘,109 马齿。

珍稀程度:★★★

中华苏维埃共和国五分铜币版式图谱

图谱 57 币、74 圆珠，近岛

正　面：与 51 币正面相同，74 个圆珠，近岛，高"币"字，111 马齿。

背　面：第七种，与 104 币背面相同，左边 22 谷粒 877 排列，右边 20 麦粒 677 排列，"分"字捺对"五"字中间，右上两条麦芒较长，108 马齿。

珍稀程度：★★

图谱 58 币、74 圆珠，近岛（高"币"狭刀版）

正　面：与 51 币正面相同，74 个圆珠，近岛，高"币"字，111 马齿。

背　面：第八种，与 01、05、12 币背面相同，左边 22 谷粒 877 排列，右边 20 麦粒 677 排列，"狭刀""分"字，98 马齿。

珍稀程度：★★★★

图谱59币、74圆珠，近岛

正　面：与51币正面相同，74个圆珠，近岛，高"币"字，111马齿。

背　面：第九种，左边22谷粒877排列，右边20麦粒677排列，五角星左歪，"分"字第一笔的撇特别短，右上结带三角形。

珍稀程度：★★★

图谱 60 币、74 圆珠，连岛

正　面：74个圆珠，连岛，歪"田""当"字，"维"字上方有条竖线，105马齿。此种正面有7种不同背面。

背　面：第一种，左边22谷粒886排列，右边20麦粒776排列，左上和右下结带呈菱形，105马齿。

珍稀程度：★

图谱 61 币、74 圆珠，连岛

正　　面：与 60 币正面相同，74 个圆珠，连岛，歪"田"当字，"维"字上方有条竖线，105 马齿。

背　　面：第二种，左边 22 谷粒 877 排列，右边 20 麦粒 677 排列，四个结带比较均匀，左下麦粒特别小，106 马齿。

珍稀程度：★

图谱 62 币、74 圆珠，连岛

正　面：与 60 币正面相同，74 个圆珠，连岛，歪"田"当字，"维"字上方有条竖线，105 马齿。

背　面：第三种，左边 22 谷粒 877 排列，右边 20 麦粒 677 排列，"分"字"刀"的撇分离，右上结带较尖，109 马齿。

珍稀程度：★★★

图谱63币、74圆珠，连岛

正　面：与60币正面相同，74个圆珠，连岛，歪"田""当"字，"维"字上方有条竖线，105马齿。

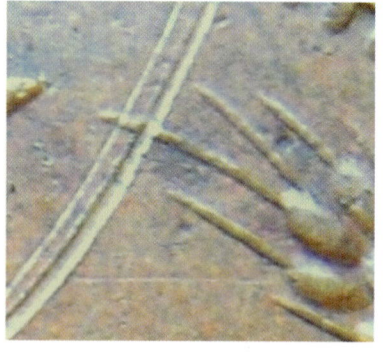

背　面：第四种，左边22谷粒877排列，右边20麦粒677排列，"分"字的"刀"斜横，麦芒上方开口较大，104马齿。

珍稀程度：★★

图谱 64 币、74 圆珠，连岛（连谷版）

正　面：与60币正面相同，74个圆珠，连岛，歪"田"当字，"维"字上方有条竖线，105马齿。

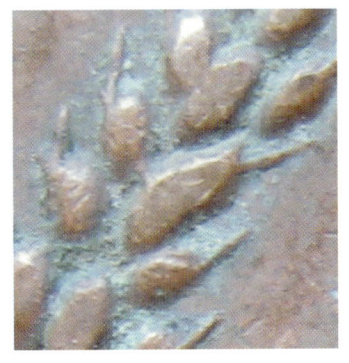

背　面：第五种，左边22谷粒877排列，右边20麦粒677排列，谷穗上方有2个谷粒粘连在一起，109马齿。

珍稀程度： ★★★★★

图谱 65 币、74 圆珠，连岛

正　面：与 60 币正面相同，74 个圆珠，连岛，歪"田""当"字，"维"字上方有条竖线，105 马齿。

背　面：第六种，左边 22 谷粒 877 排列，右边 21 麦粒 777 排列，麦穗比较粗大，上方粘连，左下结带有钩，109 马齿。

珍稀程度：★★

图谱66币、74圆珠，连岛

正　面：与60币正面相同，74个圆珠，连岛，歪"田""当"字，"维"字上方有条竖线，105马齿。

背　面：第七种，与13、27、46、103、111、135币背面相同，左边23谷粒878排列，右边21麦粒777排列，谷穗下方有一个小谷粒，110马齿。

珍稀程度：★★

图谱 67 币、74 圆珠，连岛

正　面：74 个圆珠，连岛，"式"字点对"中"字，111 马齿。这种正面只有 1 种背面。

背　面：与 14、74、126、136、144 币背面相同，左边 22 谷粒 877 排列，右边 20 麦粒 677 排列，"分"字左边有弯形齿轮印，左下结带三角形，109 马齿。

珍稀程度：★★

图谱 68 币、75 圆珠，远岛（离芯带版）

正　面：75 个圆珠，远岛，右歪岛，111 马齿。此种正面有 5 种不同背面。

背　面：第一种，左边 22 谷粒 877 排列，右边 20 麦粒 677 排列，谷穗左排下方谷粒特别小，左上结带与结芯不相连，103 马齿。

珍稀程度：★★★★★

图谱69币、75圆珠，远岛

正　面：与68币正面相同，75个圆珠，远岛，右歪岛，111马齿。

背　面：第二种，左边22谷粒877排列，右边20麦粒677排列，结芯比较漂亮，左上结带三角形，右下结带右角比较突出，110马齿。

珍稀程度：★★

图谱 70 币、75 圆珠，远岛

正　面：与 68 币正面相同，75 个圆珠，远岛，右歪岛，111 马齿。

背　面：第三种，左边 22 谷粒 877 排列，右边 20 麦粒 677 排列，结芯比较漂亮，左上结带三角形，右上结带的横比较平，111 马齿。

珍稀程度：★★

图谱 71 币、75 圆珠，远岛

正　面：与 68 币正面相同，75 个圆珠，远岛，右歪岛，111 马齿。

背　面：第四种，左边 22 谷粒 877 排列，右边 20 麦粒 677 排列，上方两个结带三角形，左下结带左角比较尖，108 马齿。

珍稀程度：★★

图谱 72 币、75 圆珠，远岛

正　面：与 68 币正面相同，75 个圆珠，远岛，右歪岛，111 马齿。

背　面：第五种，左边 22 谷粒 877 排列，右边 20 麦粒 677 排列，右下结带较尖，左上麦芒开叉形成三条芒，104 马齿。

中华苏维埃共和国五分铜币版式图谱

珍稀程度：★

图谱 73 币、75 圆珠，连岛

正　面：75 个圆珠，连岛，长镰刀，"式"字点对"国"字，108 马齿。此种正面有 2 种不同背面。

背　面：第一种，与 76、77 币背面相同，左边 22 谷粒 877 排列，右边 20 麦粒 677 排列，左上结带左边线条特别细，左禾叶近马齿，105 马齿。

珍稀程度：★★

图谱 74 币、75 圆珠，连岛

正　面：与73币正面相同，75个圆珠，连岛，长镰刀，"弍"字点对"国"字，108马齿。

背　面：第二种，与14、67、126、136、144币背面相同，左边22谷粒877排列，右边20麦粒677排列，"分"字左边有弯形齿轮印，左下结带三角形，109马齿。

中华苏维埃共和国五分铜币版式图谱

珍稀程度：★★

图谱 75 币、75 圆珠，小套岛（鹰钩版）

正　面：75 个圆珠，小套岛，"式"字点对右五角星，地图右上多一条短线，像鹰嘴钩，105 马齿。这种正面只有 1 种背面。

背　面：与 49 币背面相同，左边 22 谷粒 877 排列，右边 20 麦粒 677 排列，下方两个结带角较尖，"刀"的撇超过横，104 马齿。

珍稀程度：★★★★★

图谱 76 币、75 圆珠，套岛

正　面：75 个圆珠，套岛，两个五角星右歪，镰刀柄靠地图线较近，110 马齿。这种正面只有 1 种背面。

背　面：与 73、77 币背面相同，左边 22 谷粒 877 排列，右边 20 麦粒 677 排列，左上结带左边线条特别细，左禾叶近马齿，105 马齿。

珍稀程度：★

图谱 77 币、75 圆珠，套岛（75 珠套岛细线版）

正　面：75 个圆珠，套岛，左上"国"字离五角星较远，镰刀柄距离左地图线较远，左边地图线比弯曲度比较大，106 马齿。此种正面有 2 种不同背面。

背　面：第一种，与 73、76 币背面相同，左边 22 谷粒 877 排列，右边 20 麦粒 677 排列，左上结带左边线条特别细，左禾叶近马齿，105 马齿。

珍稀程度：★★★★

图谱 78 币、75 圆珠，套岛（75珠高"国"高"分"版）

正　面：与77币正面相同，75个圆珠，套岛，左上"国"字距离五角星较远，镰刀柄距离左地图线较远，左边地图线弯曲度比较大，106马齿。

背　面：第二种，与79、101、140币背面相同，左边22谷粒877排列，右边20麦粒677排列，四个结带比较均匀，"分"字特别高，107马齿。

珍稀程度：★★★★

图谱 79 币、75 圆珠，套岛（75 珠平"国"高"分"版）

正　面：75 个圆珠，套岛，左边地图线弯曲度比较小，"币"字右横与"国"字平齐，"弍"字点对"中"字，109 马齿。这种正面只有 1 种背面。

背　面：与 78、101、140 币背面相同，左边 22 谷粒 877 排列，右边 20 麦粒 677 排列，四个结带比较均匀，"分"字特别高，107 马齿。

珍稀程度：★★★★

图谱80 币、76 圆珠，远岛

正　面：76 个圆珠，居中远岛，103 马齿。此种正面有 2 种不同背面。

背　面：第一种，与 92、149 币背面相同，左边 22 谷粒 877 排列，右边 19 麦粒 667 排列。花结特别小，107 马齿。

珍稀程度：★

图谱 81 币、76 圆珠，远岛

正　面：与 80 币正面相同，76 个圆珠，居中远岛，103 马齿。

背　面：第二种，与 10、19、24、42 币背面相同，左边 22 谷粒 877 排列，右边 21 麦粒 777 排列，左上与右下结带特别长且右下结带开叉，103 马齿。

珍稀程度：★★

图谱 82 币、76 圆珠，中岛（日月版）

正　面：76 个圆珠，中岛，"国"字右边一竖特别长，三角形"当"字，中心有个小圆点，111 马齿。此种正面有 2 种不同背面。

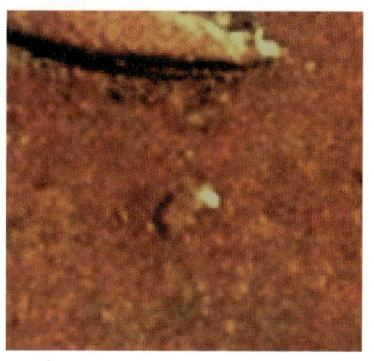

背　面：第一种，左边 22 谷粒 877 排列，右边 20 麦粒 677 排列，背面中心有个小月芽，110 马齿。

珍稀程度：★★★★★

图谱83币、76圆珠，中岛（长竖圆花结版）

正　面：与82币正面相同，76个圆珠，中岛，"国"字右边一竖特别长，三角形"当"字，中心有个小圆点，111马齿。

背　面：第二种，与84、85币背面相同，左边22谷粒877排列，右边20麦粒677排列，圆形花结，花结的左边四条穗杆，112马齿。

珍稀程度：★★★★★

图谱84 币、76圆珠，中岛（短竖圆花结版）

正　面：76个圆珠，中岛，"国"字右边的一竖比图83短，三角形"当"字，117马齿。这种正面只有一种背面。

背　面：与83、85币背面相同，左边22谷粒877排列，右边20麦粒677排列，圆形花结，花结的左边四条穗杆，112马齿。

珍稀程度：★★★★★

图谱85 币、76 圆珠，中岛（楷体圆花结版）

正　面：76 个圆珠，中岛，"和"字多一横，楷体字，123 马齿。此种正面有 5 种不同背面。

背　面：第一种，与 83、84 币背面相同，左边 22 谷粒 877 排列，右边 20 麦粒 677 排列，圆形花结，花结的左边四条穗秆，112 马齿。

珍稀程度：★★★★

图谱 86 币、76 圆珠，中岛（三杆圆花结版）

正　面：与 85 币正面相同，76 个圆珠，中岛，"和"字多一横，楷体字，123 马齿。

背　面：第二种，左边 22 谷粒 877 排列，右边 20 麦粒 677 排列，圆形花结，左边三条穗杆，下方齿边处有 3 个小圆点暗记，中文楷体"分"字，111 马齿。

珍稀程度：★★★★★

图谱 87 币、76 圆珠，中岛

正　面：与 85 币正面相同，76 个圆珠，中岛，"和"字多一横，楷体字，123 马齿。

背　面：第三种，与 21、25 币背面相同，左边 22 谷粒 877 排列，右边 20 麦粒 677 排列，右上结带的横较平，左下结带内有条小线，119 马齿。

珍稀程度：★

图谱88币、76圆珠,中岛

正　面：与85币正面相同,76个圆珠,中岛,"和"字多一横,楷体字,123马齿。

背　面：第四种,与20币背面相同,左边22谷粒877排列,右边20麦粒677排列,右上结带离结芯,歪结芯,120马齿。

珍稀程度：★★

图谱89币、76圆珠,中岛(4谷粒版)

正 面:与85币正面相同,76个圆珠,中岛,"和"字多一横,楷体字,123马齿。

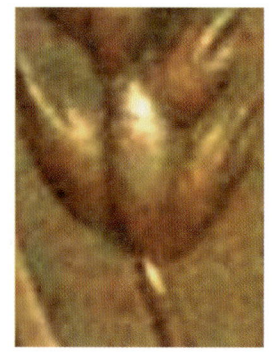

背 面:第五种,左边22谷粒877排列,右边20麦粒677排列,左边谷穗下方4个谷粒连在一起,120马齿。

珍稀程度:★★★★★

图谱 90 币、76 圆珠，近岛（大 777 谷粒版）

正　面：76个圆珠，近岛，六点"维"字，"曰"字"当"，106马齿。此种正面有9种不同背面。

背　面：第一种，左边21谷粒（大谷穗）777排列，右边20麦粒677排列，105马齿。

珍稀程度：★★★★★

图谱91币、76圆珠,近岛(小876谷粒版)

正　面：与90币正面相同,76个圆珠,近岛,六点"维"字,"曰"字"当",106马齿。

背　面：第二种,左边21谷粒(小谷穗)876排列,右边20麦粒677排列,104马齿。

珍稀程度：★★★★

图谱92币、76圆珠，近岛（近岛小花结版）

正　面：与90币正面相同，76个圆珠，近岛，六点"维"字，"曰"字"当"，106马齿。

背　面：第三种，与80、149币背面相同，左边22谷粒877排列，右边19麦粒667排列。花结特别小，107马齿。

珍稀程度：★★★★★

图谱 93 币、76 圆珠，近岛

正　面：与 90 币正面相同，76 个圆珠，近岛，六点"维"字，"曰"字"当"，106 马齿。

背　面：第四种，左边 22 谷粒 877 排列，右边 20 麦粒 677 排列，中心有个大圆点，104 马齿。

珍稀程度：★★★

图谱 94 币、76 圆珠，近岛

正　面：与 90 币正面相同，76 个圆珠，近岛，六点"维"字，"曰"字"当"，106 马齿。

背　面：第五种，左边 22 谷粒 877 排列，右边 20 麦粒 677 排列，左下结带较短，右边上下结带线相交，"分"字的"刀"较宽大，106 马齿。

中华苏维埃共和国五分铜币版式图谱

珍稀程度：★★★

图谱95币、76圆珠，近岛

正　面：与90币正面相同，76个圆珠，近岛，六点"维"字，"日"字"当"，106马齿。

背　面：第六种，与30、150币背面相同，左边22谷粒877排列，右边20麦粒677排列，左上结带出头，105马齿。

珍稀程度：★★★

图谱 96 币、76 圆珠，近岛

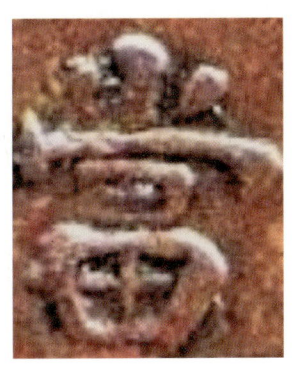

正　面：与 90 币正面相同，76 个圆珠，近岛，六点"维"字，"曰"字"当"，106 马齿。

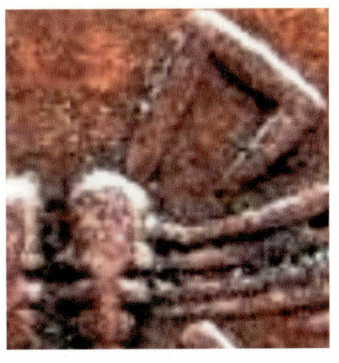

背　面：第七种，与 29 币背面相同，左边 22 谷粒 877 排列，右边 20 麦粒 677 排列，"分"字较高，右上结带的横右斜，108 马齿。

珍稀程度：★★★

图谱97币、76圆珠，近岛（22麦粒版）

正　面：与90币正面相同，76个圆珠，近岛，六点"维"字，"曰"字"当"，106马齿。

背　面：第八种，左边22谷粒877排列，右边22麦粒778排列，108马齿。

珍稀程度：★★★★★

图谱 98 币、76 圆珠，近岛（半岛版）

正　面：与 90 币正面相同，76 个圆珠，近岛，六点"维"字，"曰"字"当"，106 马齿。但地图右边多半个岛的形状，应该是破版所致。

背　面：第九种，左边 22 谷粒 877 排列，右边 20 麦粒 677 排列，右上结带较宽大，小"刀""分"字，107 马齿。

珍稀程度：★★

图谱99 币、76 圆珠，连岛

正　面：76 个圆珠，连岛，"式"字点对右五角星，"由"字"当"，104 马齿。这种正面只有一种背面。

背　面：与 47、122、147、166、167 币背面相同，左边 22 谷粒 877 排列，右边 20 麦粒 677 排列，大头花结，结芯有多个圆点，100 马齿。

珍稀程度：★★

图谱100 币、76圆珠，连岛

 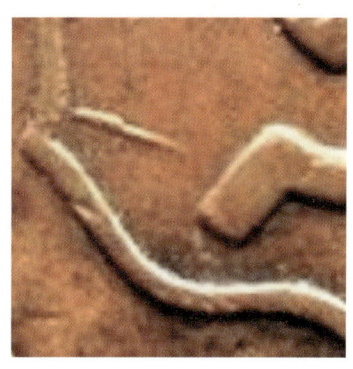

正　面：76个圆珠，连岛，地图左边有条细线，"式"字点对"中"字，107马齿。这种正面只有1种背面。

 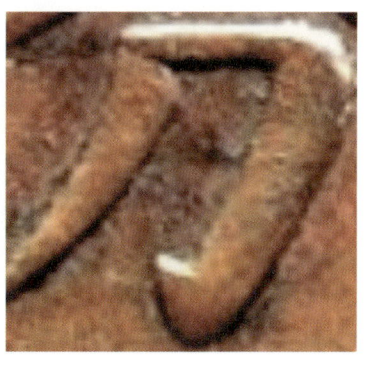

背　面：与17、129币背面相同，左边22谷粒877排列，右边20麦粒677排列，"刀"字的撇在横笔的下方，下禾叶与结带不相连，109马齿。

珍稀程度：★★★

图谱 101 币、76 圆珠，套岛

正　面：76 个圆珠，套岛，插入岛内的大陆图开叉，"弎"字点对"埃"字，109 马齿。此种正面有 3 种不同背面。

背　面：第一种，与 78、79、140 币背面相同，左边 22 谷粒 877 排列，右边 20 麦粒 677 排列，四个结带比较均匀，"分"字特别高，107 马齿。

珍稀程度：★★

图谱 102 币、76 圆珠，套岛

正　面：与 101 币正面相同，76 个圆珠，套岛，插入岛内的大陆图开叉，"式"字点对"埃"字，109 马齿。

背　面：第二种，与 40 币背面相同，左边 22 谷粒 877 排列，右边 20 麦粒 677 排列，"分"字的第一撇较弯曲且离禾叶较远，两边禾叶与结带不相连，106 马齿。

珍稀程度：★★★★

图谱103币、76圆珠，套岛（叉图小谷版）

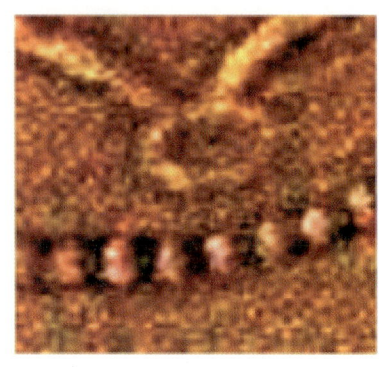

正　面：与101币正面相同，76个圆珠，套岛，插入岛内的大陆图开叉，"式"字点对"埃"字，109马齿。

背　面：第三种，与13、27、46、66、111、135币背面相同，左边23谷粒878排列，右边21麦粒777排列，谷穗下方有一个小谷粒，110马齿。

珍稀程度：★★★★★

图谱 104 币、77 圆珠,连岛

正　面：77 个圆珠,连岛,长锤,大"田""当"字,109 马齿。此种正面有 8 种不同背面。

背　面：第一种,与 57 币背面相同,左边 22 谷粒 877 排列,右边 20 麦粒 677 排列,"分"字捺对"五"字中间,右上两条麦芒较长,108 马齿。

珍稀程度： ★★

图谱 105 币、77 圆珠，连岛

正　面：与 104 币正面相同，77 个圆珠，连岛，长锤，大"田""当"字，109 马齿。

背　面：第二种，左边 22 谷粒 877 排列，右边 20 麦粒 677 排列，粗捺"分"字，右上结带较宽大，105 马齿。

珍稀程度：★★

图谱 106 币、77 圆珠，连岛

正　面：与104币正面相同，77个圆珠，连岛，长锤，大"田""当"字，109马齿。

背　面：第三种，左边22谷粒877排列，右边20麦粒677排列，下方禾叶左宽右窄，下方两个结带较短，"刀"的撇超出横较多。

珍稀程度：★★★

图谱 107 币、77 圆珠，连岛

正　面：与 104 币正面相同，77 个圆珠，连岛，长锤，大"田""当"字，109 马齿。

背　面：第四种，左边 22 谷粒 877 排列，右边 20 麦粒 677 排列，"分"字的捺特别长，108 马齿。

珍稀程度：★★★

图谱 108 币、77 圆珠，连岛

正　面：与104币正面相同，77个圆珠，连岛，长锤，大"田""当"字，109马齿。

背　面：第五种，左边22谷粒877排列，右边20麦粒677排列，"分"字捺较直，上方两个结带距离较宽，105马齿。

珍稀程度：★★★

图谱 109 币、77 圆珠,连岛

正　面：与 104 币正面相同,77 个圆珠,连岛,长锤,大"田""当"字,109 马齿。

背　面：第六种,左边 22 谷粒 877 排列,右边 21 麦粒 777 排列,"分"字的"刀"撇上方多一个点。

珍稀程度：★★★

图谱110 币、77圆珠，连岛

正　面：与104币正面相同，77个圆珠，连岛，长锤，大"田""当"字，109马齿。

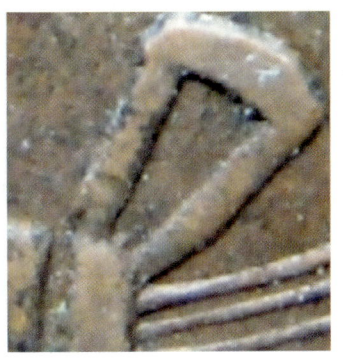

背　面：第七种，左边22谷粒877排列，右边21麦粒777排列，右上结带比较长，106马齿。

中华苏维埃共和国五分铜币版式图谱

珍稀程度：★★★

图谱 111 币、77 圆珠，连岛

正　面：与 104 币正面相同，77 个圆珠，连岛，长锤，大"田""当"字，109 马齿。

背　面：第八种，与 13、27、46、66、103、135 币背面相同，左边 23 谷粒 878 排列，右边 21 麦粒 777 排列，谷穗下方有一个小谷粒，110 马齿。

珍稀程度：★★

图谱 112 币、77 圆珠，小套岛

正　面：77 个圆珠，小套岛，"式"字点对"国"字，短锤，108 马齿。此种正面有 10 种不同背面。

背　面：第一种，左边 22 谷粒 877 排列，右边 20 麦粒 677 排列，小"刀""分"字，右上结带右边线条特别细，104 马齿。

中华苏维埃共和国五分铜币版式图谱

珍稀程度：★

图谱 113 币、77 圆珠，小套岛

正　　面：与 112 币正面相同，77 个圆珠，小套岛，"式"字点对"国"字，短锤，108 马齿。

背　　面：第二种，左边 22 谷粒 877 排列，右边 20 麦粒 677 排列，上方右麦粒两条芒，左下结带比较宽大，105 马齿。

珍稀程度：★★

图谱 114 币、77 圆珠，小套岛（宽结带版）

正　面：与112币正面相同，77个圆珠，小套岛，"式"字点对"国"字，短锤，108马齿。

背　面：第三种，左边22谷粒877排列，右边20麦粒677排列，左下结带特别宽大，106马齿。

珍稀程度：★★★★

图谱 115 币、77 圆珠，小套岛

正　面：与 112 币正面相同，77 个圆珠，小套岛，"式"字点对"国"字，短锤，108 马齿。

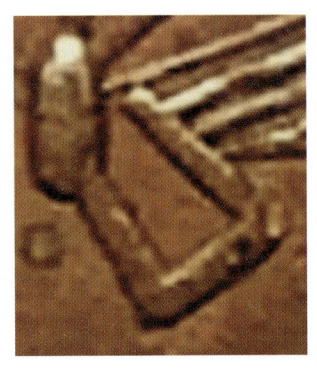

背　面：第四种，左边 22 谷粒 877 排列，右边 20 麦粒 677 排列，中心有个小圆点，右下结带较宽大，104 马齿。

珍稀程度：★★★★

图谱 116 币、77 圆珠，小套岛

正　面：与 112 币正面相同，77 个圆珠，小套岛，"式"字点对"国"字，短锤，108 马齿。

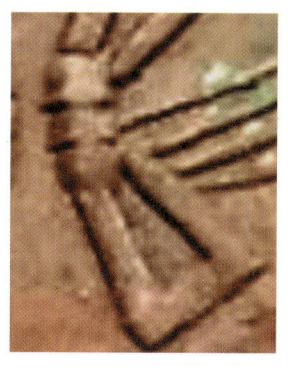

背　面：第五种，左边 22 谷粒 877 排列，右边 20 麦粒 677 排列，右下结带较小，105 马齿。

珍稀程度：★★★

图谱 117 币、77 圆珠，小套岛

正　面：与 112 币正面相同，77 个圆珠，小套岛，"式"字点对"国"字，短锤，108 马齿。

背　面：第六种，左边 22 谷粒 877 排列，右边 20 麦粒 677 排列，开"刀""分"字，左上结带较长大，106 马齿。

珍稀程度：★★★

图谱 118 币、77 圆珠，小套岛（月芽版）

正　面：与 112 币正面相同，77 个圆珠，小套岛，"式"字点对"国"字，短锤，108 马齿。

背　面：第七种，与 48 币背面相同（无月芽），左边 22 谷粒 877 排列，右边 20 麦粒 677 排列，"分"字的"刀"内有点，右上结带三角形未封口，右上方有个月芽，（也有少量无月芽形状的原版币），104 马齿。

珍稀程度：★★★★

图谱 119 币、77 圆珠，小套岛

正　面：与 117 币正面相同，77 个圆珠，小套岛，"式"字点对"国"字，短锤，108 马齿。

背　面：第八种，左边 22 谷粒 877 排列，右边 20 麦粒 677 排列，"分"字的"刀"特别宽大，左上结带交右结芯，104 马齿。

珍稀程度：★★★

图谱120币、77圆珠，小套岛

正　面：与117币正面相同，77个圆珠，小套岛，"式"字点对"国"字，短锤，108马齿。

背　面：第九种，左边22谷粒877排列，右边20麦粒677排列，左上结带较靠左斜，下方两个结带特别长。

珍稀程度：★★★

图谱 121 币、77 圆珠，小套岛（77 珠双连带版）

正　面：与 117 币正面相同，77 个圆珠，小套岛，"式"字点对"国"字，短锤，108 马齿。

背　面：第十种，左边 22 谷粒 877 排列，右边 20 麦粒 677 排列，左右两边结带线相连，106 马齿。

珍稀程度：★★★★

图谱 122 币、77 圆珠，小套岛（77 珠大头结版）

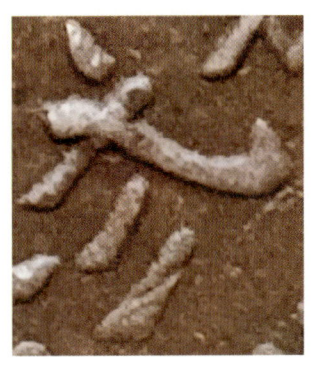

正　面：77 个圆珠，小套岛，小铁锤，"弎"字点对"维"字，106 马齿。这种正面只有 1 种背面。

背　面：与 47、99、147、166、167 币背面相同，左边 22 谷粒 877 排列，右边 20 麦粒 677 排列，大头花结，结芯有多个圆点，100 马齿。

珍稀程度：★★★★★

图谱 123 币、77 圆珠，小套岛

正　　面：77个圆珠，小套岛，大陆图呈圆形，"式"字点对"中"字，104马齿。此种正面有3种不同背面。

背　　面：第一种，与133、152币背面相同，左边22谷粒877排列，右边20麦粒677排列，右下的结带特别长且带钩，107马齿。

珍稀程度：★★★★

图谱 124 币、77 圆珠，小套岛（歪谷粒版）

正　面：与 123 币正面相同，77 个圆珠，小套岛，大陆图呈圆形，"式"字点对"中"字，104 马齿。

背　面：第二种，左边 22 谷粒 877 排列，右边 20 麦粒 677 排列，谷穗中间一排歪谷粒，106 马齿。

珍稀程度：★★★★

图谱 125 币、77 圆珠，小套岛（圆图谷芽版）

正　面：与 123 币正面相同，77 个圆珠，小套岛，大陆图呈圆形，"式"字点对"中"字，104 马齿。

背　面：第三种，与 153 币背面相同，左边 23 谷粒 878 排列，右边 20 麦粒 677 排列，中间有个小圆点，谷穗右边下方有个小谷芽，107 马齿。

珍稀程度：★★★★★

图谱 126 币、77 圆珠，套岛

正　面：77个圆珠，套岛，"式"字点对"埃"字，两边右歪星，地图左边线条较直，108马齿。这种正面只有1种背面。

背　面：与14、67、74、136、144币背面相同，左边22谷粒877排列，右边20麦粒677排列，"分"字左边有弯形齿轮印，左下结带三角形，109马齿。

珍稀程度：★★

图谱 127 币、78 圆珠，连岛，上连珠

正　面：78 个圆珠，连岛，"埃"字左下方两个圆珠连在一起，叫"上连珠版"，"式"字与"拾"字离得特别远，104 马齿。此种正面有 5 种不同背面。

背　面：第一种，左边 22 谷粒 877 排列，右边 20 麦粒 677 排列，歪"刀""分"字。右下和左下结带较对称，106 马齿。

珍稀程度：★★

图谱 128 币、78 圆珠，连岛，上连珠

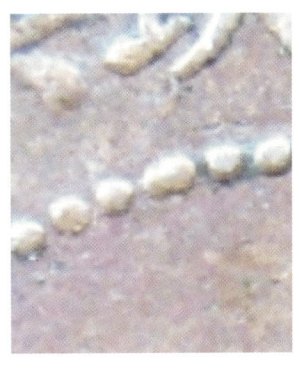

正　面：与 127 币正面相同，78 个圆珠，连岛，"埃"字左下方两个圆珠连在一起，叫"上连珠版"，"式"字与"拾"字离得特别远，104 马齿。

背　面：第二种，左边 22 谷粒 877 排列，右边 20 麦粒 677 排列，大"刀""分"字，右边结带线相连，107 马齿。

珍稀程度：★★

图谱 129 币、78 圆珠，连岛，上连珠

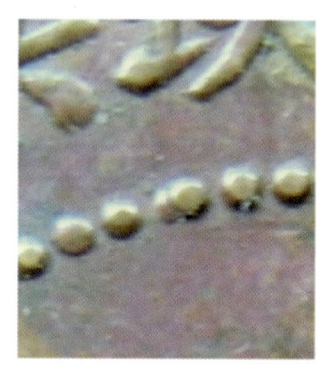

正　面：与 127 币正面相同，78 个圆珠，连岛，"埃"字左下方两个圆珠连在一起，叫"上连珠版"，"式"字与"拾"字离得特别远，104 马齿。

背　面：第三种，与 17、100 币背面相同，左边 22 谷粒 877 排列，右边 20 麦粒 677 排列，"刀"字的撇在横笔的下方，下禾叶与结带不相连，109 马齿。

珍稀程度：★★

图谱 130 币、78 圆珠，连岛，上连珠
（上连珠长捺短撇"分"版）

正　面：与 127 币正面相同，78 个圆珠，连岛，"埃"字左下方两个圆珠连在一起，叫"上连珠版"，"式"字与"拾"字离得特别远，104 马齿。

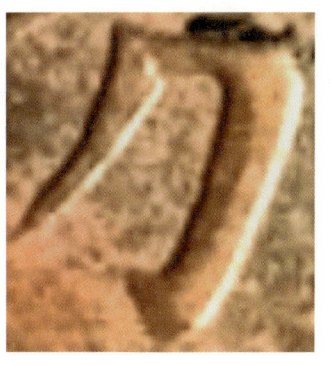

背　面：第四种，与 145 币背面相同，左边 22 谷粒 877 排列，右边 20 麦粒 677 排列，"分"字捺特别长，最后一撇特别短，右上结带与结芯不连接，108 马齿。

珍稀程度：★★★★★

图谱 131 币、78 圆珠,连岛,下连珠（下连珠 6 谷版）

正　面：78 个圆珠,连岛,"当"字上方两个圆珠相连在一起,叫"下连珠版",107 马齿。此种正面有五种不同背面。

背　面：第一种,与 28、148 币背面相同,左边 21 谷粒（大谷穗）876 排列,右边 20 麦粒 677 排列,谷穗右边一排 6 个谷粒,109 马齿。

珍稀程度：★★★★

图谱132币、78圆珠，连岛，下连珠

正　面：与131币正面相同，78个圆珠，连岛，"当"字上方两个圆珠相连在一起，叫"下连珠版"，107马齿。

背　面：第二种，左边22谷粒877排列，右边20麦粒677排列，右上结带三角形，112马齿。

珍稀程度：　★

图谱 133 币、78 圆珠，连岛，下连珠

正　面：与 131 币正面相同，78 个圆珠，连岛，"当"字上方两个圆珠相连在一起，叫"下连珠版"，107 马齿。

背　面：第三种，与 123、152 币背面相同，左边 22 谷粒 877 排列，右边 20 麦粒 677 排列，右下的结带特别长且带钩，107 马齿。

珍稀程度：★★★

图谱134币、78圆珠,连岛,下连珠

正　面:与131币正面相同,78个圆珠,连岛,"当"字上方两个圆珠相连在一起,叫"下连珠版",107马齿。

背　面:第四种,左边22谷粒877排列,右边20麦粒677排列,"分"字的"刀"斜横,106马齿。

珍稀程度:★★

图谱 135 币、78 圆珠，连岛，下连珠

正　面：与 131 币正面相同，78 个圆珠，连岛，"当"字上方两个圆珠相连在一起，叫"下连珠版"，107 马齿。

背　面：第五种，与 13、27、46、66、103、111 币背面相同，左边（小谷粒）23 谷粒 878 排列，右边 21 麦粒 777 排列，谷穗下方有一个小谷粒，110 马齿。

珍稀程度：★★

图谱 136 币、78 圆珠，连岛

正　面：78 个圆珠，连岛，连岛处大陆线特别宽且岛内有小线条，"弌"字点对"中"字，109 马齿。这种正面只有 1 种背面。

背　面：与 14、67、74、126、144 币背面相同，左边 22 谷粒 877 排列，右边 20 麦粒 677 排列，"分"字左边有弯形齿轮印，左下结带三角形，109 马齿。

珍稀程度：★★

图谱 137 币、78 圆珠，小套岛

正　面：78 个圆珠，小套岛，大仰锤，"式"字点对"维"字，108 马齿。此种正面有 5 种不同背面。

背　面：第一种，左边 22 谷粒 877 排列，右边 20 麦粒 677 排列，左上结带角较尖，左禾叶连边，（可能是破版所致，也有不连边的原版币），105 马齿。

珍稀程度：★★★

图谱 138 币、78 圆珠，小套岛

正　面：与 137 币正面相同，78 个圆珠，小套岛，大仰锤，"弍"字点对"维"字，108 马齿。

背　面：第二种，左边 22 谷粒 877 排列，右边 20 麦粒 677 排列，左下结带较大，右边两个结带线相连，102 马齿。

珍稀程度：★

图谱 139 币、78 圆珠，小套岛

正　面：与 137 币正面相同，78 个圆珠，小套岛，大仰锤，"式"字点对"维"字，108 马齿。

背　面：第三种，左边 22 谷粒 877 排列，右边 20 麦粒 677 排列，斜"刀""分"字，底横上翘"五"字，右上结带较右斜，左上结带左边带钩状，108 马齿。

珍稀程度：★★

图谱 140 币、78 圆珠，小套岛

正　面：与 137 币正面相同，78 个圆珠，小套岛，大仰锤，"式"字点对"维"字，108 马齿。

背　面：第四种，与 78、79、101 币背面相同，左边 22 谷粒 877 排列，右边 20 麦粒 677 排列，四个结带比较均匀，"分"字特别高，107 马齿。

珍稀程度：★★

图谱 141 币、78 圆珠，小套岛

正　面：与 137 币正面相同，78 个圆珠，小套岛，大仰锤，"式"字点对"维"字，108 马齿。

背　面：第五种，左边 22 谷粒 877 排列，右边 20 麦粒 677 排列，底板凹凸不平，左下结带三角形，106 马齿。

珍稀程度：★★★

图谱 142 币、78 圆珠,大套岛

正　面：78 个圆珠,大套岛,短镰刀,"式"字点对"维"字,116 马齿。此种正面有 5 种不同背面。

背　面：第一种,与 39 币背面相同,左边 22 谷粒 877 排列,右边 20 麦粒 677 排列,左上结带特别宽大且出头,右上麦粒两条麦芒,107 马齿。

珍稀程度：★★★★

图谱 143 币、78 圆珠，大套岛

正　面：与 142 币正面相同，78 个圆珠，大套岛，短镰刀，"式"字点对"维"字，116 马齿。

背　面：第二种，左边 22 谷粒 877 排列，右边 20 麦粒 677 排列，短撇刀，上方两个结带大，下方两个结带较小，105 马齿。

珍稀程度：★

图谱 144 币、78 圆珠，大套岛

正　面：与142币正面相同，78个圆珠，大套岛，短镰刀，"式"字点对"维"字，116马齿。

背　面：第三种，与14、67、74、126、136币背面相同，左边22谷粒877排列，右边20麦粒677排列，"分"字左边有弯形齿轮印（也有少数无弯形齿轮印的），左下结带三角形，109马齿。

珍稀程度：★★★

图谱 145 币、78 圆珠，大套岛

正　面：与142币正面相同，78个圆珠，大套岛，短镰刀，"式"字点对"维"字，116马齿。

背　面：第四种，与130币背面相同，左边22谷粒877排列，右边20麦粒677排列，"分"字捺特别长，最后一撇特别短，右上结带与结芯不连接，108马齿。

珍稀程度：★★

图谱 146 币、78 圆珠，大套岛（套岛二芒版）

正　面：与 142 币正面相同，78 个圆珠，大套岛，短镰刀，"弍"字点对"维"字，116 马齿。

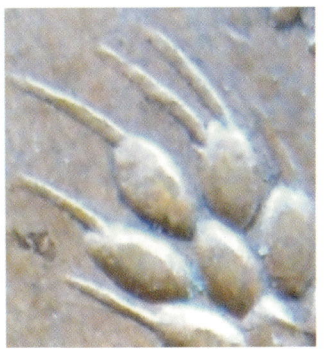

背　面：第五种，左边 22 谷粒 877 排列，右边 20 麦粒 677 排列，左下结带开口大，右上麦粒两条麦芒，107 马齿。

珍稀程度：★★★★★

图谱 147 币、78 圆珠，套岛

正　面：78 个圆珠，套岛，地图左边角特别尖，"巾"字里面多一竖，"式"字点对左星，109 马齿。这种正面只有 1 种背面。

背　面：与 47、99、122、166、167 币背面相同，左边 22 谷粒 877 排列，右边 20 麦粒 677 排列，大头花结，结芯有多个圆点，100 马齿。

珍稀程度：★★★★

图谱 148 币、79 圆珠，套岛、左连珠（左连珠 6 谷版）

正　面：79 个圆珠，套岛，"弍"字点对"中"字，左五角星的右边有个小珠粘连在上一个珠，叫"左连珠版"，110 马齿。此种正面有 6 种不同背面。

背　面：第一种，与 28、131 币背面相同，左边 21 谷粒（大谷穗）876 排列，右边 20 麦粒 677 排列，谷穗右边一排 6 个谷粒，109 马齿。

中华苏维埃共和国五分铜币版式图谱

珍稀程度：★★★

图谱 149 币、79 圆珠，套岛、左连珠（左连珠小花结版）

正　面：与148币正面相同，79个圆珠，套岛，"式"字点对"中"字，左五角星的右边有个小珠粘连在上一个珠，叫"左连珠版"，110马齿。

背　面：第二种，与80、92币背面相同，左边22谷粒877排列，右边19麦粒667排列，花结特别小，107马齿。

珍稀程度：★★★★★

图谱 150 币、79 圆珠，套岛、左连珠（左连珠出头版）

正　面：与 148 币正面相同，79 个圆珠，套岛，"式"字点对"中"字，左五角星的右边有个小珠粘连在上一个珠，叫"左连珠版"，110 马齿。

背　面：第三种，与 30、95 币背面相同，左边 22 谷粒 877 排列，右边 20 麦粒 677 排列，左上结带出头，105 马齿。

珍稀程度：★★★★

图谱 151 币、79 圆珠，套岛、左连珠

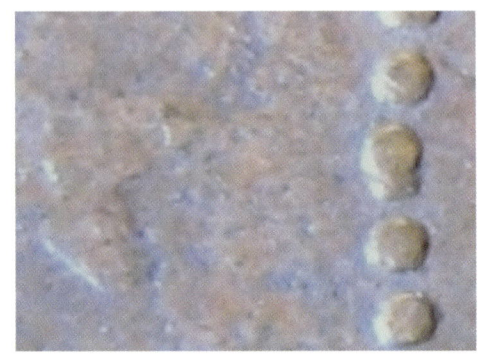

正　面：与 148 币正面相同，79 个圆珠，套岛，"弍"字点对"中"字，左五角星的右边有个小珠粘连在上一个珠，叫"左连珠版"，110 马齿。

背　面：第四种，左边 22 谷粒 877 排列，右边 20 麦粒 677 排列，右上结带口较宽大，左上方有弧线（也有少数无弧线的），108 马齿。

珍稀程度：★★

图谱 152 币、79 圆珠，套岛、左连珠
（左连珠长结带版）

正　面：与 148 币正面相同，79 个圆珠，套岛，"式"字点对"中"字，左五角星的右边有个小珠粘连在上一个珠，叫"左连珠版"，110 马齿。

背　面：第五种，与 123、133 币背面相同，左边 22 谷粒 877 排列，右边 20 麦粒 677 排列，右下的结带特别长且带钩，107 马齿。

中华苏维埃共和国五分铜币版式图谱

珍稀程度：★★★★

图谱 153 币、79 圆珠，套岛、左连珠
（左连珠谷芽版）

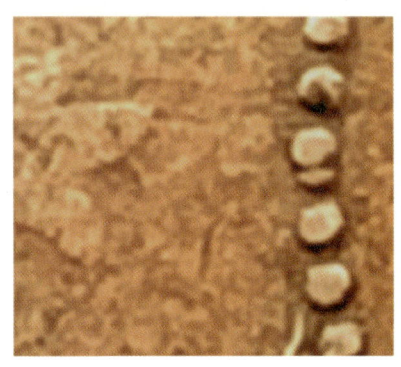

正　面：与 148 币正面相同，79 个圆珠，套岛，"弍"字点对"中"字，左五角星的右边有个小珠粘连在上一个珠，叫"左连珠版"，110 马齿。

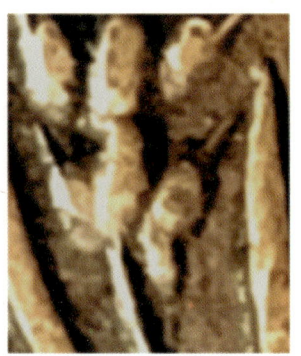

背　面：第六种，与 125 币背面相同，左边 23 谷粒 878 排列，右边 20 麦粒 677 排列，中间有个小圆点，谷穗右边下方有个小谷芽，107 马齿。

珍稀程度：★★★★

图谱 154 币、79 圆珠,大套岛

正　面:79 个圆珠,大套岛,小"巾""币"字,"式"字点对"埃"字,109 马齿。此种正面有 12 种不同背面。

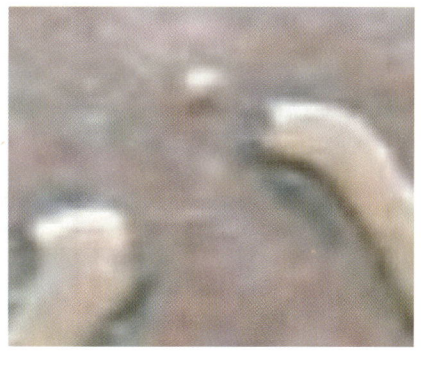

背　面:第一种,左边 22 谷粒 877 排列,右边 19 麦粒 667 排列,大头花结,"分"字头上有个小圆点,97 马齿。

珍稀程度:★★

图谱 155 币、79 圆珠，大套岛

正　面：与 154 币正面相同，79 个圆珠，大套岛，小"巾""币"字，"式"字点对"埃"字，109 马齿。

背　面：第二种，左边 22 谷粒 877 排列，右边 19 麦粒 667 排列，右上结带往左斜，102 马齿。

珍稀程度：★★

图谱 156 币、79 圆珠，大套岛

正　面：与 154 币正面相同，79 个圆珠，大套岛，小"巾""币"字，"式"字点对"埃"字，109 马齿。

背　面：第三种，左边 22 谷粒 877 排列，右边 19 麦粒 667 排列，"分"字特别低，"分"字的捺接近"五"字的底横，100 马齿。

中华苏维埃共和国五分铜币版式图谱

珍稀程度：★★★

图谱 157 币、79 圆珠，大套岛

正　面：与 154 币正面相同，79 个圆珠，大套岛，小"巾""币"字，"式"字点对"埃"字，109 马齿。

背　面：第四种，左边 22 谷粒 877 排列，右边 19 麦粒 667 排列，左上结带比较长，99 马齿。

珍稀程度：★★

图谱 158 币、79 圆珠，大套岛

正　面：与 154 币正面相同，79 个圆珠，大套岛，小"巾""币"字，"式"字点对"埃"字，109 马齿。

背　面：第五种，左边 22 谷粒 877 排列，右边 19 麦粒 667 排列，左上结带有个突出的点，101 马齿。

珍稀程度：★★

图谱 159 币、79 圆珠，大套岛

正　面：与 154 币正面相同，79 个圆珠，大套岛，小"巾""币"字，"式"字点对"埃"字，109 马齿。

背　面：第六种，左边 22 谷粒 877 排列，右边 19 麦粒 667 排列，大头花结，"分"字上方有个小圆点，右上结带右边一斜竖连接到结芯右边的底端，成一个大三角形，99 马齿。

珍稀程度：★★★★

图谱 160 币、79 圆珠，大套岛

正　面：与 154 币正面相同，79 个圆珠，大套岛，小"巾""币"字，"式"字点对"埃"字，109 马齿。

背　面：第七种，左边 22 谷粒 877 排列，右边 20 麦粒 677 排列，四个结带较均匀。底下有叠纹印（少量底下无叠纹的），101 马齿。

珍稀程度：★★

图谱 161 币、79 圆珠，大套岛

正　面：与 154 币正面相同，79 个圆珠，大套岛，小"巾""币"字，"式"字点对"埃"字，109 马齿。

背　面：第八种，左边 22 谷粒 877 排列，右边 20 麦粒 677 排列，右歪"五"字，左上结带特别大，右上花结右边有个小钩，100 马齿。

珍稀程度：★

图谱 162 币、79 圆珠，大套岛

正　　面：与154币正面相同，79个圆珠，大套岛，小"巾""币"字，"式"字点对"埃"字，109马齿。

背　　面：第九种，左边22谷粒877排列，右边20麦粒677排列，五角星左歪，"分"字长方体，右下结带线条弯曲，100马齿。

珍稀程度：★★★★

图谱 163 币、79 圆珠，大套岛

正　面：与 154 币正面相同，79 个圆珠，大套岛，小"巾""币"字，"式"字点对"埃"字，109 马齿。

背　面：第十种，左边 22 谷粒 877 排列，右边 20 麦粒 677 排列，右上结带与麦叶距离较远，右下结带右边有个小圆点，左下结带右边与结芯成直线。

珍稀程度：★★★★

图谱 164 币、79 圆珠，大套岛

正　面：与 154 币正面相同，79 个圆珠，大套岛，小"巾""币"字，"式"字点对"埃"字，109 马齿。

背　面：第十一种，左边 22 谷粒 877 排列，右边 20 麦粒 677 排列，方形花结，左上结带较长且开口较大，108 马齿。

珍稀程度：★★★★

中华苏维埃共和国五分铜币版式图谱

图谱 165 币、79 圆珠，大套岛（小巾三角带版）

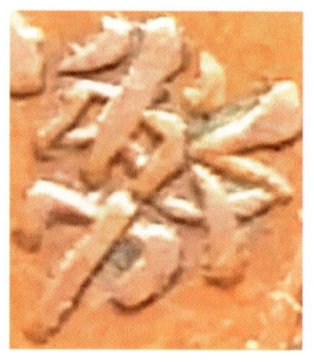

正　面：与 154 币正面相同，79 个圆珠，大套岛，小"巾""币"字，"式"字点对"埃"字，109 马齿。

背　面：第十二种，左边 22 谷粒 877 排列，右边 20 麦粒 677 排列，方形花结，左上结带三角形，104 马齿。

珍稀程度：★★★★★

图谱 166 币、79 圆珠，小套岛

正　面：79 个圆珠，套岛，大"巾"币字，"式"字点对"中"字，111 马齿。这种正面只有 1 种背面。

背　面：与 47、99、122、147、167 背面相同，左边 22 谷粒 877 排列，右边 20 麦粒 677 排列，大头花结，结芯有多个圆点，100 马齿。

珍稀程度：★★

中华苏维埃共和国五分铜币版式图谱

图谱167 币、80圆珠,套岛

正　面：80个圆珠,套岛,"币"的"巾"字多一小竖,110马齿。这种正面只有1种背面。

背　面：与47、99、122、147、166币背面相同,左边22谷粒877排列,右边20麦粒677排列,大头花结,结芯有多个圆点,100马齿。

珍稀程度：★

参考文献

［1］曹菊如.曹菊如文稿［M］.北京：中国金融出版社，1983.

［2］罗华素，廖平之.中央革命根据地货币史［M］.北京：中国金融出版社，1998.

［3］《中国钱币大辞典》编纂委员会.中国钱币大辞典——革命根据地编［Z］.北京：中华书局，2001.

［4］李年椿.中央苏区货币文物图鉴［M］.北京：中国金融出版社，1994.

［5］孔永松，蒋伯英，马先富.中央苏区财政经济史［M］.厦门：厦门大学出版社，1999.

［6］钟才伦，唐人斌.红色金融丰碑——中华苏维埃共和国国家银行纪实［M］.北京：中国文联出版社，2003.

［7］陈锋.中华苏维埃共和国国家银行流金岁月［M］.南昌：江西人民出版社，2016.

［8］殷毅.中国革命根据地印钞造币简史［M］.北京：中国金融出版社，1996.

［9］蒋九如.福建革命根据地货币史［M］.北京：中国金融出版社，1994.

［10］福建革命史画集［M］.福州：福建人民出版社，1982.

［11］洪荣昌.红色货币［M］.北京：解放军出版社，2011.

［12］段洪刚.中国铜元分类研究［M］.北京：中华书局，2006.

［13］龙吉昌.珍稀奇趣——钱币博览［M］.南昌：江西人民出版社，1994.

［14］中共江西省委党史研究室，等.中央革命根据地历史资料文库——政权系统［M］.北京：中央文献出版社，2013.

［15］曹宏，周燕.寻踪毛泽民［M］.北京：中央文献出版社，2007.

［16］朱天红，逸晚.毛泽民传［M］.北京：华龄出版社，1996.

［17］郑学秋，江生尧.金融先驱曹菊如［M］.北京：中国文联出版社，2001.

［18］柯克明.回忆邓子恢［M］.北京：人民出版社，1996.

［19］刘云.中央苏区革命文化史料汇编［M］.南昌：江西人民出版社，1994.

［20］胡国铤，彭光华.中央苏区行［M］.北京：中共党史出版社，2007.

后　记

　　在庆祝中国共产党成立一百周年之际，福建省钱币学会将我研究中华苏维埃共和国五分铜币的书稿，作为内部交流的资料结集印刷。该书稿实际上由两个部分组成，一部分是研究文集，一部分是版式图谱。

　　该书稿很受红色货币收藏研究者赞赏。中国钱币学会也很重视，把它列为2022年度的重点研究课题。因而，我在2021年书稿基础上，作了进一步的补充与修改。经2023年度中国钱币学会组织专家评审，获得顺利通过。

　　由于我年纪较大，精力不足，电脑操作水平较低，许多具体工作都由洪家豪负责，包括文章的修改，图片的配置，文档的建立，等等。

　　衷心感谢中国钱币学会的领导和专家，感谢福建钱币学会的同志，感谢上海立信会计出版社同志的关心，使《中华苏维埃共和国五分铜币研究》一书得以顺利出版。

　　本书得到中国钱币博物馆馆长、中国钱币学会学术委员会主任委员周卫荣先生的大力支持，周先生亲自为此书的出版写序推荐；得到中国收藏家协会原理事长罗伯健，原副理事长崔新未、维佳，中国收藏家协会红色收藏委员会原会长蒋自伟等领导的支持与鼓励；同时也得到红色货币收藏界同仁的支持。在此一并表示感谢！

　　书中部分图片来自网络下载，由于前前后后的时间较长，无法确认钱币所有者的姓名，敬请谅解。如有发现者，请致信hd2052@163.com，在此表示感谢！

　　编写一本书很不容易，虽然经过长期努力，反复修改，但错误与缺点在所难免，敬请读者批评指正。

洪荣昌
2023年12月